沢村貞子の献立

料理・飯島奈美

②

献立

沢村貞子　さわむら・さだこ

１９０８年（明治41年）東京・浅草生まれ。女優・エッセイスト。本名大橋貞子《ていこ》。日本女子大学在学中に新築地劇団に参加。前衛演劇運動に加わって投獄を経験する。34年、日活太秦現代劇部に入社、映画女優としてデビュー。小津安二郎監督作品をはじめとした映画、舞台、テレビで名脇役として活躍した。生涯で出演した映画は１００本以上。78年には、半生をとりあげたＮＨＫ連続テレビ小説「おていちゃん」が放送された。89年に女優を引退。文筆業にも長け、77年『私の浅草』で日本エッセイスト・クラブ賞を受賞。ほか『貝のうた』『わたしの台所』『わたしの献立日記』など著書多数。96年（平成8年）没。

料理・文

飯島奈美　いいじま・なみ

東京生まれ。フードスタイリスト。テレビCMを中心に広告、映画などで幅広く活躍中。2005年の映画『かもめ食堂』参加をきっかけに、映画やテレビドラマのフードスタイリングも手がけるようになり、映画『東京タワー～オカンとボクと、時々、オトン』『めがね』『南極料理人』『海街diary』『真実』『おらおらでひとりいぐも』『すばらしき世界』、ドラマ・映画『深夜食堂』、連続テレビ小説「ごちそうさん」、ドラマ「カルテット」「大豆田とわ子と三人の元夫」といった話題作を担当。『LIFE』『深夜食堂の料理帖』（共著）『おいしい世界の台所』『ワインがおいしいフレンチごはん』（共著）など著書多数。

本書は、NHK Eテレ「365日の献立日記」（2020年3月～2021年2月放送分）をもとに、新規に写真撮影を行い、飯島奈美さんのレシピや、沢村貞子さんの著作の引用を加えて構成しました。

はじめに

昨年上梓した『沢村貞子の献立 料理・飯島奈美』は、NHK Eテレ「365日の献立日記」の内容をまとめたものでした。ありがたいことに、そこからさらに約1年間、番組が続き、こうして第2弾の書籍を出せることになりました。沢村さんの「献立日記」に魅了されているのは、番組を見てくださった方や前著を読まれた方だけではなく、もちろん私も。ますます沢村ファンになっています。

前著の繰り返しになりますが、献立日記について説明しておきます。日記は、昭和41年4月22日にはじまり平成4年11月23日まで36冊にわたって続けられました。ごく普通の大学ノートに線を引いて表にして、日付と献立が書かれています。はじめは簡素でしたが、やがて、朝ごはんやおやつ、魚屋さんから買った品物、代金、そして来客者などがメモされるようになりました（でもレシピはほとんどありません）。表紙には、芹沢銈介さんの味わいのある型染カレンダーが丁寧に巻かれていました。これを元に、『わたしの献立日記』（新潮社、のちに中公文庫）という本も作られました。

献立日記には、季節の食材をたくさん使った、気取りのない料理が並びます。かといって保守的ではありません。例えば、平成2年3月9日の献立に「青豆肉丁《チントウヨクテン》」「鶏蓉乾貝《カイヨンカンペイ》」という料理が書いてあります。中華料理なのでしょうが、私は知りませんでした。この本でも、「ジェリースープ」や「パイシエル」などの珍しい料理や、「チャーシューメン」なんていう家で作る人は少ない料理も日記からいくつか取り上げています。

どうやら沢村さんは本を手がかりに、そういった料理に挑戦していたようです。台所には二十何冊かの料理書があり、料理中に参照してうっかり汚してしまったら、二度三度と買い替えたというエッセイも残っています（お師匠さん『わたしの台所』光文社文庫）。ここには、そうした料理書を「お師匠さん」と呼んで、結婚する知り合いにも贈るとありました。

私も料理書をよく読みます。特に１９５０～70年代の本にお気に入りが多いです。沢村さんも読んでいたとしても不思議ではないでしょう。実際、そうした料理書でしか見たことのない料理が、献立日記に出ているのを見つけたりもしました。沢村さんとの連帯を感じる瞬間です。

私が古い料理書を読み始めたのは、骨董趣味がきっかけでした。市を回っているときに、一緒に並んでいるのを見つけたのです。開くと、手間がかかりそうな料理ばかり載っています。今の時代のレシピは、時間短縮、簡単、簡便が主流で、確かにそれもいいけれど（私もそういうレシピを発表していますが）、手強そうなのもなかなかいい。仕事の役にも立ちそうだし、と手に取りました（実際、連続テレビ小説「ごちそうさん」のフードスタイリストをしたときには、とても参考になりました）。今のように写真を手軽に使うことができなかったせいでしょうか、文字がとにかく多いです。紹介される料理の数も非常に多く、解説も詳細。工程には、論理性がきわだち、まるで化学の本のようです。

献立日記と向き合うと、そうした料理書を台所でじっくりと読んでから料理にとりかかる沢村さんの姿が思い浮かぶようでした。沢村さんとその時代の料理のエッセンスを受け継ぐつもりで、いつもなら簡便にしてしまう手順や材料を、省く前に一考して、わずらわしくない程度にレシピに残しました。それは、自分の仕事を見つめ直すいい機会でした。とびきり簡単に、素早くできるわけではないけれど、気持ちの良い歯応えのあるレシピになっていると思います。時間があるときに、ご自分と向き合うように一品でも作っていただけたらうれしいです。

飯島奈美

目次

レシピについて

- 特に断りがないときは、**2人前**です。汁物はちょっとおかわりできるように多めにしてあります。
- 塩は、**粗塩**を使っています。精製塩など粒が細かい塩を使うときは、少なめにしてください。また、粗塩小さじ½としょうゆ大さじ1の塩分量が、ほぼ同じだと知っておくとレシピのアレンジに活かせます。
- 油は、**太白ごま油**や**米油**を使っています。これに限らず、香りやクセの少ない油をお好みで使ってください。
- バターは、**有塩バター**です。
- 梅干しは、**梅と塩だけの塩分20％の梅干し**を使いました。**梅酢**大さじ1は、たたいた梅干し大さじ1弱か、塩小さじ½で代用できます。梅酢は梅干しを作るとき、梅に塩をして浸透圧でしみ出てくる水分で、市販されています。
- 和えものやタレに使う酒、みりんは、煮切ったものがおすすめですが、気にならなければそのままでもかまいません。
- レシピによって調味料の分量に幅をもたせました。好みや、自分が使っている調味料の味で加減してください。一緒に並べる料理が濃い味なら、薄めにするなど、食べ合わせを考えると献立がさらにおいしくなります。
- 「だし」とだけ書いた場合、**昆布・かつおだし**です。以下に、だいたい1ℓ分の各種だしのとり方を書きました。これを目安に、各レシピのだしを用意してください。昆布はものによって厚さがまちまちなので、重さで把握するのがおすすめです。
- **だし（昆布・かつおだし）**

  水　1ℓ
  昆布　10g（10㎝角程度）
  かつおぶし　20〜30g

  鍋に昆布と水を入れ、30分浸します。弱めの中火にかけ、沸騰直前で昆布をとり出し火を止め、かつおぶしを加えて2〜3分たったら濾します。
- **昆布だし**

  水　1ℓ
  昆布　20g

  鍋に昆布と水を入れ、30分浸します。弱めの中火にかけ、沸騰直前で昆布をとり出します。時間があるときは弱火でじっくり煮出してもよいです。

密閉できる容器に昆布と水を入れ、冷蔵庫に一晩（10時間ほど）おき、水出しにしてもおいしいだしがとれます。

・**煮干しだし**

水　1ℓ
煮干し　20〜30g
昆布　10g

鍋に昆布、頭と腹ワタをとった煮干し、水を入れ、30分浸します。弱めの中火にかけ、沸騰直前で昆布をとり出します。沸いたら弱火にして10分煮て火を止め、煮干しをとり出します。

・**米の炊き方**は、以下を参考にしてください。
米をボウルに入れて水を注ぎ、さっと混ぜてすぐ水を捨てます。そのあと2〜3回水を替え、手早く、軽く洗います。米に合わせた分量の水に、丸くぷっくりし、白っぽくなるまで（30分〜1時間）浸し、炊飯します。

すし飯は少し水を減らし、酒、昆布を入れて硬めに炊いてください。

・**煮物の味付け**について。調味料はみりん、砂糖を入れて、2〜5分ほど煮てなじんでから、しょうゆや塩を加えると材料に味を含ませやすいです。沢村さんも愛読していた『沢崎梅子の家庭料理の基礎』（婦人之友社）にも「からみの味の方が早く材料にしみ、材料をしめる性質もあるので、甘味の方を先に入れた方がききがよい」と書いてありました。

・**揚げ物の油のきり方**について。揚がったら、キッチンペーパーをしいたバットにとり、油をしっかりきります。その後、揚げ網に重ならないようにのせてください。フライのときは、油に浮いたパン粉を焦げる前にすくうときれいに揚がります。

・**油あげの油抜き**はキッチンペーパーではさんで押すとよいです。目に見えて油がとれるし、少ない枚数なら簡単です。

・鍋は、大は小を兼ねる、とはいかないのが難しいところ。それぞれの料理にぴったりの鍋が見つかると、上手に仕上がります。

・浅く平たい竹製のザル「**盆ザル**」があると便利です。茹でた食材を冷ましたり、水をきったり、盛り付けに使ったり、キッチンペーパーをしいて揚げ物を受けたり……。

・料理名は沢村さんの献立日記のままの表記です。

・「春（夏、秋、冬）の惣菜」のページは、NHKでの放送のなかったこの本だけの内容です。献立日記に繰り返し出てくるおかずや、沢村さんの真骨頂とも言える、食材のとり合わせがユニークな料理などをとり上げました。

春

春の献立——①

すぶた
（豚肉、筍、にんじん、しいたけ、パイナップル、グリーンアスパラ）
きゅうりのおひたし
（中国ふう）（きゅうり、てんかす）＊1
やきかまぼこ
みそ汁
（おとうふ、ねぎ）

私が台所へ立つのは、毎日の食事をおいしく食べたいから——である。齢《とし》とともに小食になるから、あれこれ目先を変える工夫をする。おかげで病気をしない。おいしいもので満腹すると、まわりの人にやさしい気持ちになれるし、料理は芸術——ものをつくる楽しみもある。（「女優と家事」沢村貞子『わたしの茶の間』光文社文庫）＊2

＊1　レシピはP142。
＊2　献立一覧下の文章はすべて、沢村貞子さんの著作からの引用です。

昭和 51.4.21

きゅうりのおひたし（中国ふう）

食事は毎日のことですから、そうそう新メニューというわけにはいかないし、「定番」が長い時間をかけてできるのが家庭料理の楽しいところではないでしょうか。進取の精神に富む沢村さんにも、繰り返し作るお惣菜がもちろんありました。

この料理も定番のひとつ。前著（『沢村貞子の献立　料理・飯島奈美』）でもご紹介しています。しょうゆとごま油とラー油できゅうりを和えて、前は油あげを、今回は天かすをアクセントにしました（ラー油のかわりに七味でも）。野菜1種類が主役になるようなシンプルなお料理が沢村さんは得意だったみたいです。キリッと冷えていたほうがおいしいので、すぶたができてから、切ったきゅうりを冷蔵庫からとり出して、さっと和えて召し上がれ。

献立日記にレシピはないので想像するしかありません。「おひたし」なら普通は茹でますが、生のまま、タレで少ししっとりするくらいがおいしいかな、と考えました。

前著で紹介済みで、本書内にもある料理のレシピは、P142-143にまとめて載せました。

すぶた

豚ヒレ肉（ブロック）　200g
下味
　おろししょうが　小さじ1
　酒　大さじ1
　塩　小さじ⅓
　こしょう　少々
衣
　卵　½個
　片栗粉　大さじ3〜4
しいたけ　2枚
アスパラガス　2本
玉ねぎ　¼個
筍（水煮・中）　⅓個
にんじん（中）　⅓本
パイナップル　130g
バジル　適量
タレ（混ぜておく）
　梅干し（刻む）　大さじ½
　黒酢　大さじ2と½
　酒　大さじ2
　砂糖　大さじ1と½〜2
　しょうゆ　大さじ1〜1と½
　片栗粉　小さじ3〜4
　水　100ml
油　適量
ごま油　適宜

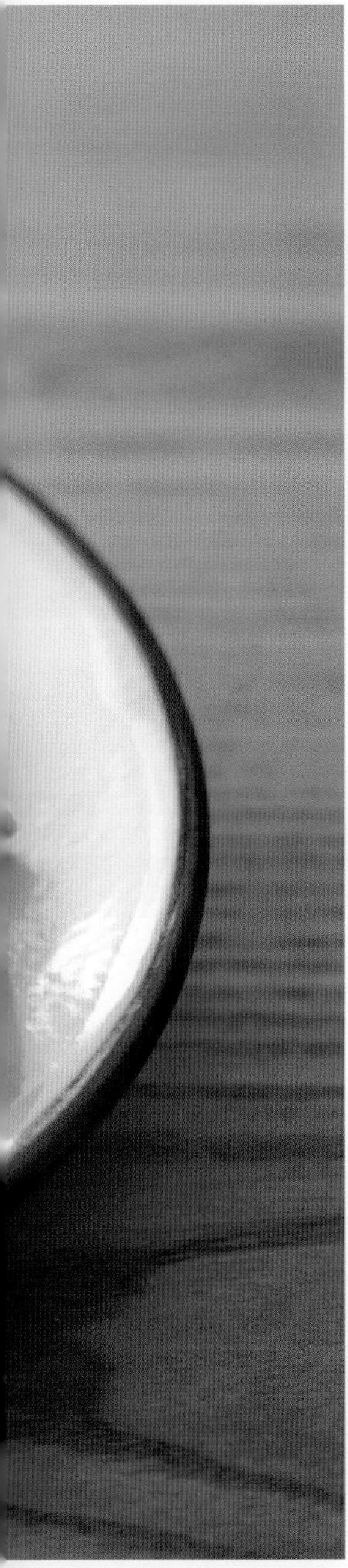

豚ヒレ肉のブロックは一口大に切り、ボウルに入れ、下味をつけます。

しいたけは石づきをとり、アスパラガスは茎の固いところの皮をむき、玉ねぎ、筍、にんじんとともにすべて一口大に切ります。パイナップルは皮をむき芯を除いて、７㎜厚のスライスにします。

下揚げします。にんじんは約１６０℃の油で素揚げにします（生から炒めるとどうしても他の野菜より火が通りづらいです）。下味をつけている豚ヒレ肉のボウルに卵を入れてからめ、片栗粉を加えて混ぜ、約１７０℃で2分ほど揚げます。

フライパンを中火で熱し、油を入れ、玉ねぎ、筍、しいたけ、アスパラを炒め、火が通ったら一度とり出します。そのまま同じフライパンでタレを混ぜながら加熱し、とろみがついたら、野菜とパイナップルと豚肉をすべて入れ、弱火で全体にからめたら火を止めます。お好みで香りづけにごま油を加えてもよいです。

器に盛り、ちぎったバジルを散らして完成です。

沢村さんの献立日記には、中国語名の料理もときどき載っています。きっと本格的な中華料理もご存じだったのでしょう。私はクラシックなレシピを基本にしつつも、少しだけアレンジしました。タレに梅干しを、トッピングにバジルを使っています。いつか食べたパイナップルのシャーベットに、バジルが入っていて相性がバッチリでした。それから好きになった組み合わせです。豚肉、玉ねぎ、パイナップル、トマト、バジルだけのすぶたも手軽でおいしいです。

春の献立――②

松葉がに
（三杯酢）
油あげの焼きもの
（大根おろし）
紅鮭 ＊
のり
おみおつけ
（納豆汁）

昔人間にとって、朝ご飯に納豆はつきものだった。きざみねぎと玉子、からしをまぜて熱いご飯にのせて、ご機嫌だった。夕ご飯には、生いかを細くきって熱湯をかけ、ねぎと玉子の黄身、もみのりをきざんだ納豆にまぜればいい。すり鉢でよくすった納豆とねぎ、油揚げをおみおつけにいれた納豆汁もまた結構なもの。ねばねばしたところを敬遠する人もいるけれど、栄養たっぷりだからどうぞ。（献立ひとくちメモ　納豆『わたしの献立日記』中公文庫）

＊レシピはP142。

昭和62.3.15

松葉がに

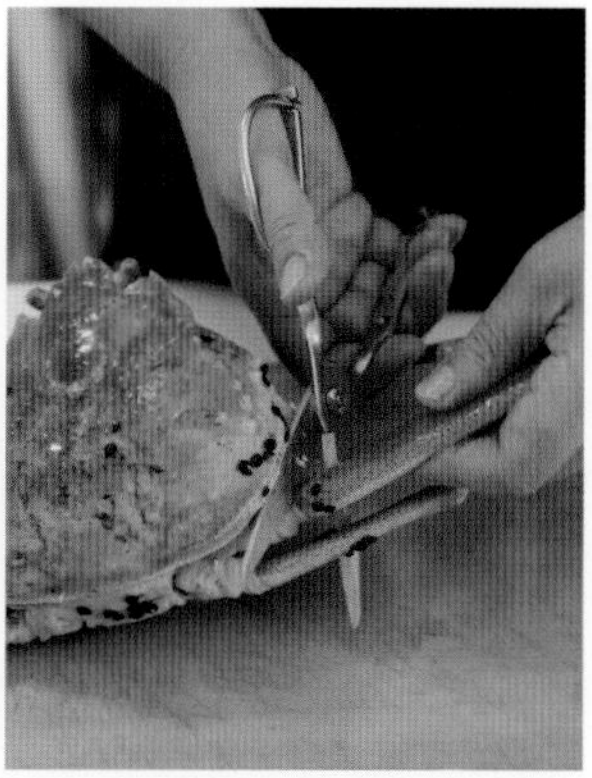

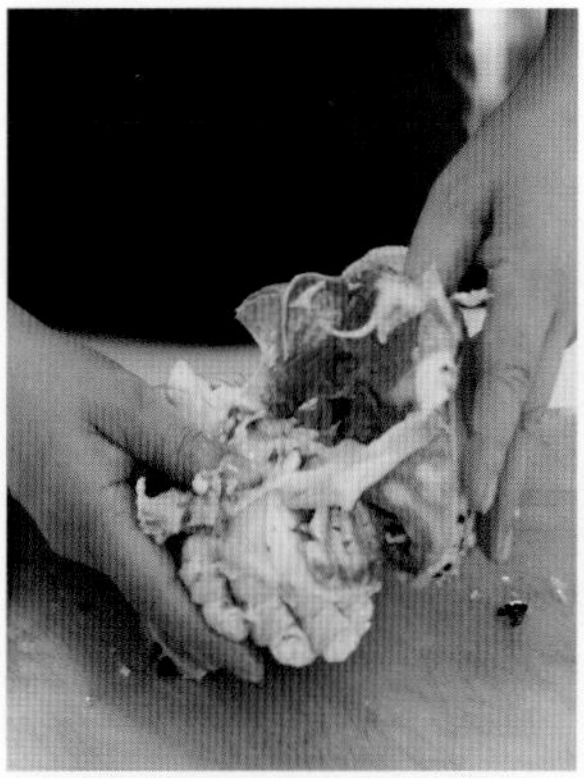

松葉がに（茹で）　1杯
合わせ酢（混ぜておく）
　酢　大さじ4
　だし（P11）　大さじ4
　薄口しょうゆ　大さじ1
　砂糖　大さじ½

松葉がにをさばきます。水分が出てくるので、まな板の下に新聞紙やビニールを敷いて作業するといいです。

まずハサミで脚を切り離します。脚の殻の片面を包丁でそぎます。

腹の下の三角形の部位（ふんどし）をとりはずします。次に甲羅をはずします。ふんどしをはずして空いた穴に親指をかけると、力が入りやすいです。

胴の左右にあるエラ（がに）を手でむしってとり除きます。みそがついていたら、卵とじを作るので、甲羅に集めておきます。胴を左右半分に切り、それぞれの厚みを半分に切ります。身がむき出しになって食べやすいです。

器に脚と胴を盛り付け、合わせ酢をつけながらいただきます。

かにみそ卵とじ

かにみそ　大さじ4
ごぼう　¼本（50g）
白菜　1枚（150g）
卵　3個
だし　240㎖
みりん　大さじ½
塩　小さじ¾
しょうゆ　少々

ごぼうはささがきにして水にさらします。白菜の葉は1㎝に、芯は5㎜に切ります。

鍋にだし、みりん、塩、しょうゆを入れ、中火にかけ、沸いたら水気をきったごぼうと白菜を入れ、ふたをし、野菜に火が通るまで煮ます。

卵を溶いて鍋にまわし入れます。上からかにみそをスプーンで所々にのせ、ふたをして蒸らし、卵を好みの固さに仕上げます。

おみおつけ（納豆汁）

納豆　２パック（40g×２）
長ねぎ　10㎝
油あげ　½枚
煮干しだし（P12）　５００㎖
みそ　大さじ２

納豆を包丁で軽くたたくか、すり鉢に入れて半ずりにします。ひきわり納豆を使うときは、この工程を省いてかまいません。

長ねぎは小口切りに、油あげは油をしっかりきって短冊切りにします。

鍋で煮干しだしを温め、油あげを入れ、みそを溶き、納豆、長ねぎを入れさっと温めたら火を止めます。

春の献立――③

うにごはん
かまぼこ
鰺の干物
いんげん豆
わかめ豆腐の味噌汁

たまたま休みの日、私は「うにご飯」をこしらえることにした。料理の本を読んでいて、急に思い立ったのだった。(中略)あえて挑戦したのは、なんとなく、気分転換になるような気がしたからだった。(中略)/瓶詰《びんづめ》の雲丹一〇〇グラムをカップ二分の一のお酒と三個の玉子の黄身でとき、二重鍋をとろ火にかけ、焦《こ》げつかないように、つきっきりでゆっくり気永に煎《い》りあげる。ねっとりしたおだんごから、やがてサラサラした砂のようになる……(うにご飯『わたしの献立日記』)

昭和 45.3.17

うにごはん

作りやすい分量
うにの砂
粒うに　100g
酒　100㎖
卵黄　3個
米　2合
昆布　5g
塩　小さじ1と½
木の芽　適宜

うにのふりかけ「うにの砂」を作ります。鍋に材料を入れて溶きます。火を入れて、フレーク状にしていきますが、ここからは鍋につきっきりです。湯煎なら失敗も少なく色良く仕上がりますが、時間がかかります（約2時間！）。そこで、時々ごく弱火で直火にかけると、だいたい1時間に時間短縮できます。焦げそうになったらすぐ湯煎に戻してください。湯煎は、ひとまわり大きな鍋に湯を張り、ふきんを入れ、その上にうにの入った鍋をのせます。湯が冷めたら弱火にかけ、湯が温まったら火を止めます。ねっとりと団子状に固まっていき、そのうちサラサラした砂のようになります。

米を洗い浸水し、昆布と塩を加えて炊きます。炊き上がったらボウルかおひつにうつし、うにの砂の半量を全体に混ぜます。お茶碗によそい、うにの砂を適量かけていただきます。お好みで木の芽を散らしてもおいしいです。大葉やのりも合います。いかそうめんにうにの砂をつけても。

私は沢村さんの文（P24）にならったのですが、昭和44年刊行で今もロングセラーの料理書『おそうざい十二カ月』（暮しの手帖社）に同じレシピが。沢村さんも読んだのかも。正直、手間がかかります。でも、「感動」といっても過言でない体験です。

いんげん豆

いんげん　15本（100g）
しょうが　5g
オリーブオイル　適量
しょうゆ　小さじ1
酒　小さじ1

いんげんのヘタとスジをとり、半分の長さに切ります。しょうがは千切りにします。

フライパンにオリーブオイルをひき、いんげんを弱火でゆっくり炒めます。火が通ったらしょうがを加えさっと混ぜ、しょうゆ、酒を加え、味がなじむまで炒めます。

ゆっくり炒めると甘みが出ます。

春の献立――④

パリーふう　とりごはん
グリンピースのポタージュ＊
ひらめのフライ
（こなふきいも）
うど、きゅうり、ゆで玉子のいちごソースあえ

小さいときから果物好きの私は、春先、ルビーのように小さく可愛い苺《いちご》が八百屋の店先に顔を出しはじめると、胸がドキドキするほど嬉しく、いつもその季節を待ち焦《こ》がれたものだった。（台所の季節感『わたしの茶の間』）

＊レシピはP143。

昭和54.3.30

パリーふう　とりごはん

鶏もも肉　80g
玉ねぎ　¼個
えのき　½パック（100g）
ブロッコリー　¼個（60g）
ご飯　300g
バター　10g
塩　小さじ½
こしょう　少々
水　大さじ2

鶏もも肉は1㎝角に、玉ねぎは粗みじんに、えのきは食べやすく切ります。ブロッコリーは小さめの小房とみじん切りを半量ずつ用意してください。

フライパンにバターを入れ中火で熱し、鶏もも肉を炒め、火がほぼ通ったら、玉ねぎ、えのき、ブロッコリーを加え、塩、こしょうをします。全体がしんなりしたら、水を加え、ふたをし、鶏肉からうまみが出るように1分ほど弱火で少し汁が残る程度まで蒸し煮にします。

ご飯を入れ、中火にして、具から出た味を吸わせるように炒めます。足りなければ塩（分量外）を足して味をととのえます。

私は、パリに旅行するのが好きなのですが、現地でまだこういう料理に出会っていません。いつか食べてみたいです。

ひらめのフライ

ひらめ　1さく（160g）
塩　少々
白こしょう　少々
衣
　薄力粉　適量
　卵　1個
　生パン粉　適量
油　適量
つけあわせ
　じゃがいも　1個
　クレソン　適量

　フライは揚げたてで食べたいので、まずつけあわせを用意します。皮をむき一口大に切ったじゃがいもを、スッと竹串が通るまで塩茹でし、お湯をすて、再び火にかけ、鍋をゆすり、粉が吹くまで水分を飛ばします。クレソンは、水につけてしゃっきりさせ、茎の端の固い部分を切り落とします。

　ひらめは6つに切り、塩、白こしょうをしたら、衣をつけます。まず、薄力粉をうすくつけ、溶き卵にくぐらせ、バットにしきつめた生パン粉へ。ひらめの上にパン粉をたっぷりのせ、しっかり押さえてください。衣をつけたら、約170℃の油に、静かに入れます。1分半〜2分揚げて、きつね色になったらとり出し、油をきります。

うど、きゅうり、ゆで玉子のいちごソースあえ

うど　50g
きゅうり　½本
茹で卵　1個
いちごソース（作りやすい分量）
いちご（中）　3粒（50g）
ワインビネガー　大さじ1
砂糖　小さじ1
塩　小さじ⅓
油　大さじ2〜3

うどは3㎜厚にスライスして酢水につけます。きゅうりは輪切りに、茹で卵は8等分に切ります。

いちごソースを作ります。いちごをすりおろし、ボウルに入れ、ワインビネガーも加え、砂糖、塩を入れて溶かしたら、油を線のように少しずつたらしながらホイッパーでさらに混ぜます。ピンク色になってきたら完成です。最後に塩（分量外）で味をととのえます。塩のかわりに、梅肉小さじ1ほどで作ると、よりフルーティな味わいになります。

器にうど、きゅうり、茹で卵を盛り、いちごソースをかけます。

うどとホタテとアスパラなど他の組み合わせもお試しを。シンプルなグリーンサラダにも、鯛のカルパッチョなどにも使えるソースです。夏ならマンゴーやパッションフルーツを、秋なら柿や干し柿を使ってもいいですね。

春の献立――⑤

青豆ごはん
キスのピカタ
（ほうれん草）
焼きどうふの煮こみ
みそ汁
（わかめ、油あげ、ねぎ）

「はしり」は高いばかりでまずい、と母に教えられた。なるほど「しゅん」のもの、出回って安くなったころの「ふき」「青豆」など、ほんとうにおいしい。
（食べさせる情愛『わたしの茶の間』）

昭和55.4.20

青豆ごはん

作りやすい分量

米　2合
グリーンピース（むき）　80g
昆布　5g
酒　大さじ1
塩　小さじ1

米を洗いしっかり浸水し、ザルに上げます。グリーンピースは塩をひとつまみ（分量外）まぶします。

土鍋に米、酒、適量の水、塩を入れ、ひと混ぜし、昆布をのせて火にかけます。

最初は中火で、沸騰したら弱火にし、グリーンピースを加えて、約10分炊きます。

火を止めたら5分蒸らし、昆布をとり出し、切るように混ぜます。

キスのピカタ

キス（小）　10尾
塩　少々
白こしょう　少々
オリーブオイル（またはバター）　適量
薄力粉　適量
卵液（混ぜておく）
　卵　2個
　パルメザンチーズ（すりおろす）　大さじ2
つけあわせ
　ほうれん草　½束
　オリーブオイル　適量
　塩　少々
　こしょう　少々

　キスを腹開きにし（下処理済みの天ぷら用を使ってもいいです）、塩、白こしょうをします。フライパンを弱めの中火にかけ、オリーブオイルをひき、キスに薄力粉、卵液の順でつけながら並べます。2分ほど焼き（上から少々卵液を追加してもよいです）、ひっくり返し、ほどよく火を通します。

　つけあわせを作ります。ほうれん草は根元を十字に切り、茎の間の泥もよく洗い流します。塩茹でして（塩は分量外）水にとり、水気を絞り5㎝に切ります（赤い根元もおいしいです）。フライパンでオリーブオイルで炒め、塩、こしょうで味付けします。

春の献立――⑥

春のおすし
（筍、白魚、車えび、玉子、すしのもと、青豆）
ふきとやきどうふの煮もの
おすまし
（そうめん、かまぼこ、ゆず、さらしねぎ）

夏も冬も、うちの冷凍庫にはすしのもとがはいっている。暇な日に、ごぼう、筍、干椎茸をこまかくきざんで少量のゴマ油で丁寧にいため、お酒と味醂、醤油でゆっくり煮こんでおいたものである。（梅酢『わたしの献立日記』）

昭和57.4.16

春のおすし

作りやすい分量
米　２合
昆布　３g
酒　大さじ１

すし酢（混ぜておく）
酢　大さじ３
梅酢　大さじ２
砂糖　大さじ１

筍の煮浸し
筍（茹で）　１００～１５０g
だし　２００mℓ
みりん　小さじ１
薄口しょうゆ　小さじ１
塩　小さじ½

茹で車えび
車えび　６～８尾
酒　大さじ２
塩　大さじ½
水　５００mℓ

炒り卵
卵　２個
砂糖　大さじ½
塩　ふたつまみ
油　少々

蒸し白魚
白魚　50g
酒　少々
塩　少々

グリーンピース（むき）　20g
すしのもと（P41）　２５０g
木の芽　適量

米を洗い浸水したら、水を少し減らし、昆布、酒を入れて硬めに炊いてください。

筍の煮浸しを作ります。筍の穂先は縦にスライスし、他はいちょう切りにします。鍋にだしを入れ、中火にかけ、筍、みりんを加えます。沸いたら弱火にして、薄口しょうゆ、塩を入れて15分静かに煮て、火を止めます。

車えびは頭と背ワタをとり、酒と塩を入れた湯で中火で2分ほど茹でます。ザルに上げて冷まし、殻をむき一口大に切ります。

炒り卵を作ります。ボウルで油以外の材料を混ぜ、フライパンに油をひき、そぼろ状に火を通します。

白魚を蒸します。鍋に平皿と浸らないほどの水を入れ、火にかけます。沸騰したら、酒と塩をまぶした白魚をクッキングシートに並べ、鍋の皿にのせ、1〜2分中火で蒸します。白っぽくなったら蒸し上がりです。

グリーンピースは5分ほど塩茹でします（塩は分量外）。鍋を火からはずし、湯をすてずに蛇口から水を細く流して加え、ゆっくりと冷やすとしわになりません。

米が炊けたら昆布をとり、飯台にあけ、すし酢をまわしかけて混ぜ、あおいで粗熱をとります。あらかじめ作っておいたすしのもとを混ぜ、器に盛り、具材をのせ（筍は煮汁をきってください）、木の芽を飾ります。

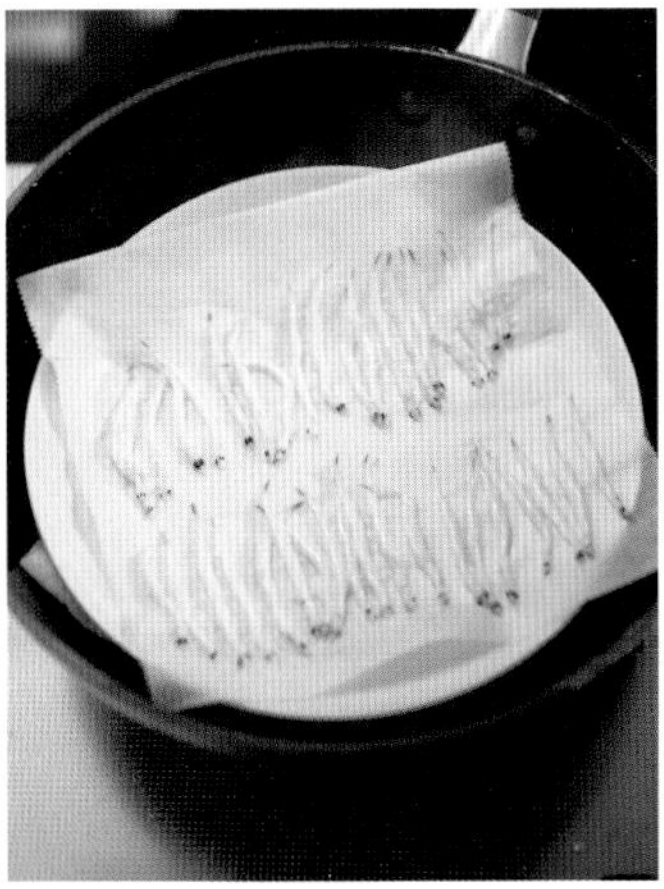

すしのもと

作りやすい分量

筍（茹で）　150g
干ししいたけ　4枚
油あげ　1枚
ごぼう　½本（100g）
ごま油　大さじ1
みりん　大さじ4
しょうゆ　大さじ2
だし　250㎖
酒　大さじ4

筍は7㎜の角切りに、干ししいたけ（もどして石づきはとっておきます）と油抜きした油あげは粗みじん切りにします。ごぼうはタテに4つに切ってから薄切りにします。

鍋を中火にかけごま油をひき、筍、しいたけ、ごぼうを入れ、油がまわってしっとりと炒まったら、油あげ、みりん、しょうゆを加えて混ぜます。全体になじんだら、だし、酒を入れ、水分がほとんどなくなるまで弱火で煮ます。

ふきとやきどうふの煮もの

ふきは「だし漬け」にしました。焼き豆腐の煮汁でさっと温めて、一緒に器に盛ります。

やきどうふの煮もの

作りやすい分量
焼き豆腐　1丁
だし　350㎖
しょうゆ　大さじ2と½〜3
酒　大さじ2
砂糖　大さじ½

しょうゆ大さじ1を残して、鍋にすべての材料を入れ、中火にかけ、沸騰したら弱火で15分煮ます。残りのしょうゆを加え、火を止めて味をなじませます。

春の献立⑤の「焼きどうふの煮こみ」（P34）も同様です。ねぎとしょうがをのせました。

ふきのだし漬け

作りやすい分量
ふき　4〜5本（葉を除き250g）
塩　大さじ½
だし　250㎖
ロックアイス　250g

ふきは板ずりし（塩は分量外）、すじをしっかりとり、水につけておきます。4㎝の長さに切り、常温のだしに塩を溶かし、ロックアイスを入れます。沸騰した湯に塩（分量外）を入れてふきを5〜6分しっかり茹でて網ですくい、氷だしに2〜3時間以上浸します。

味はしみるし色鮮やかに仕上がります。

おすまし

そうめん　½束
かまぼこ　2切
長ねぎ　適量
ゆずの皮　適量
だし　500㎖
塩　小さじ1
しょうゆ　ひとたらし

　だしを火にかけ、塩、しょうゆで味をととのえます。茹でて水で締めたそうめんと食べやすく切ったかまぼこを入れて温め、器に盛り、小口切りにし水にさらした長ねぎとゆずの皮をのせたら完成です。

春の献立——⑦

やきとり
（とりもも肉、ねぎ）
おむすび
（白、黒ゴマ）
水菜のおひたし
ごぼうのやわらか煮
おみおつけ
（玉子、ゆば）

私たちはね、無理はしない。どうしてもいやだと思うことは、まったくしない。（中略）自然、自然。自然流でいいのよ。（美しく老いるなんてとんでもない『老いの楽しみ』ちくま文庫）

平成元 .3.24

おむすび

4個
ご飯　3膳（600〜640g）
黒いりごま　大さじ1
赤しそふりかけ　小さじ½
塩　少々

2種類のおむすびを作ります。

手水をつけ、塩を両手にのばし、ご飯を適量とり、三角になるように軽くにぎります。形ができたらふんわり、やさしくととのえるのがポイントです。できあがった塩むすびのうちのいくつかは、ふちに黒いりごまと赤しそふりかけを混ぜたものをつけます。

水菜のおひたし

水菜　½束
油あげ　⅓枚
煮汁
だし　150㎖
みりん　大さじ½
塩　小さじ½
しょうゆ　ひとたらし

水菜は食べやすい長さに切ります。油あげは短冊切りにします。

小鍋に煮汁の材料を入れて中火にかけ、沸いてきたら油あげと水菜を入れ、さっと火を通します。

ごぼうのやわらか煮

作りやすい分量
ごぼう　1本（200g）
だし　350mℓ
酒　大さじ2
砂糖　大さじ½
しょうゆ　大さじ2
白いりごま　少々

ごぼうはたわしで皮をこそげるように洗い、長めの乱切りにして水にさらします。

鍋にだしとごぼうを入れて、沸いたらふたをして弱火で15〜20分煮ます。火が通ったら、酒、砂糖を加え、なじんだら、しょうゆも入れ、10分煮ます。火を止めて味を含ませ、器に盛り、白いりごまをかけます。

おみおつけ（玉子、ゆば）

卵　2個
生ゆば　40g
だし　500mℓ
みそ　大さじ2

だしを温め、卵を割り入れます。白身が固まってきたら、崩さないように鍋の端でみそを溶いて、食べやすく切った生ゆばを入れます。

献立日記を読んでいると、「井筒屋」という馴染みの呉服屋さんが、沢村さんのところに豆腐をよく届けています。お気に入りのお店があったみたいです。そこでゆばも？

親子トースト

食パン（8枚切り）　2枚
やきとり（鶏もも肉、ねぎ）　適量
茹で卵　2個
マヨネーズ　大さじ2
シュレッドチーズ　30g
塩　少々
こしょう　少々
一味　適宜

やきとりが余ったときのレシピを紹介します。

やきとりの鶏もも肉とねぎは串からはずして半分に切ります。茹で卵は粗く刻み、マヨネーズと和え、塩、こしょうで味をととのえます。

食パンそれぞれに卵をのせ、その上に鶏肉とねぎを散らし、シュレッドチーズをかけてトースターでこんがり焼きます。一味をかけてもおいしいです（七味でも）。

沢村さんもたまにはやきとりなど買ってきて簡単な献立にしたかもしれません。串のまま食べるときはフライパンで酒蒸しするとおいしく温められます。

鯵のぬた

昭和46.3.14

あじ(刺身用)　2尾
新玉ねぎ　½個
クレソン　1束
からし酢みそ(混ぜておく)
　みそ　大さじ2
　酢　大さじ1～1と½
　砂糖　大さじ1と½
　からし　小さじ½
ライム　½個
オリーブオイル　小さじ1

あじは三枚におろし、骨と皮を除き、薄切りにします。出来合いのお刺身を使うのも手軽でいいです。

新玉ねぎは繊維にそってスライスし、クレソンは、食べやすくちぎっておきます。

ボウルであじと新玉ねぎをからし酢みそで和えます。器にクレソンを盛り、あじのぬたをのせ、ライムを搾り、オリーブオイルをまわしかけ、ライムの皮も削って散らします。

この日の献立日記に、具材は、ねぎ、わかめ、しょうがとありました。でも、たまにはこんな変わった趣もいいのでは？

れんこんのおろしあげ（れんこん、玉子）

平成元.5.31

れんこん　1節（250g）
卵　1個
アンチョビ（たたく）　小さじ1と½
白ごま　小さじ1
油　適量

れんこんは皮をむいてすりおろします（約200gになります）。卵を加えて混ぜ、アンチョビ（塩小さじ½でもよいです）と白ごまを加えてさらに混ぜ、生地を作ります。

165℃に熱した油に生地をスプーンですくって入れ、きつね色になるまで3分ほど揚げ、しっかり油をきります。

夏のれんこんを使うときや、食感をよりもっちりさせるなら片栗粉大さじ1を足します。

ちぎったのりや枝豆、チーズ、しいたけなどを入れてもおいしいです。

おそれ
入りますが、
切手を
お貼り
ください。

読者ハガキ

151-0051
東京都渋谷区千駄ヶ谷3-56-6
(株)リトルモア　行

Little More

ご住所　〒

お名前(フリガナ)

ご職業　　性別　　年齢　　才

メールアドレス

リトルモアからの新刊・イベント情報を希望　□する　□しない

※ご記入いただきました個人情報は、所定の目的以外には使用しません。

ご購読ありがとうございました。
アンケートにご協力をお願いいたします。

voice

お買い上げの書籍タイトル

ご購入書店

市・区・町・村　　　　　　　　書店

本書をお求めになった動機は何ですか。

□新聞・雑誌・WEBなどの書評記事を見て（媒体名　　　　　　　　）
□新聞・雑誌などの広告を見て
□テレビ・ラジオでの紹介を見て／聴いて（番組名　　　　　　　　）
□友人からすすめられて　□店頭で見て　□ホームページで見て
□SNS（　　　　　　　　）で見て　□著者のファンだから
□その他（　　　　　　　　）

最近購入された本は何ですか。（書名　　　　　　　　）

本書についてのご感想をお聞かせくだされば、うれしく思います。
小社へのご意見・ご要望などもお書きください。

ご協力ありがとうございました。

Little More

いただいたご感想は、全文または一部抜粋のうえ、本の宣伝等に使用する場合がございます。

レタス、いちご、バナナ、小なつ、さつま芋、パセリ

昭和58.5.31

レタス　2枚
いちご　10粒
バナナ　1本
小なつ　½個
さつまいも（蒸す）　1本（200g）
パセリ　適量
オリーブオイル　大さじ½
塩　少々
レモン　適宜
バルサミコ酢　少々

レタスは一口大にちぎり、いちごはタテ半分に、バナナ、皮をむいた小なつ、さつまいもは食べやすく、パセリは粗みじんに切りにします。ボウルにレタス以外入れ、オリーブオイル、塩、お好みでレモンを搾り入れて和え、レタスをしいた皿に盛り付けます。仕上げにバルサミコ酢をかけます。

沢村さんの朝食からの一品。「小なつ」は宮崎県特産の日向夏のことでしょうか。オレンジやグレープフルーツを使ってもいいです。蒸したさつまいもは、もしかしたらおやつに食べた余りかな？　残った天ぷらをみそ汁にする沢村さんですから、食材を無駄になんかしなかったことでしょう。

にんじんのギリシヤふう

昭和 52.4.10

作りやすい分量
にんじん（中） 2本（300g）
にんにく ½片
レモン ½個
オリーブオイル 大さじ½
塩 小さじ⅓
白ワイン 100mℓ
ローリエ 1枚
粒こしょう 5粒

小鍋にオリーブオイルをひき、スライスしたにんにくを入れ、香りが立ったら厚めの半月切りにしたにんじんと塩を加え、弱めの中火で3分ほど表面に火が通るまで炒めます。残りの材料を加え、沸騰したら弱火にし、火が通るまで7〜8分ふたをして煮ます。レモンを搾り、塩（分量外）で味をととのえます。ギリシャ風とはレモンを効かせた蒸し煮のこと。

うどのみどり酢あえ

昭和 52.3.20

うど ½本（200g）
きゅうり 1本（100g）
合わせ酢（混ぜておく）
酢 大さじ3
砂糖 大さじ½
塩 小さじ½

うどの皮をむき乱切りにし、酢水につけます。その間に塩と酢を少々（それぞれ分量外）入れた湯を沸かします。うどを酢水からあげて、3分ほど茹で（やや透き通って歯応えが残る程度）、水にとり、冷めたら水気をきり、半量の合わせ酢と和えます。

きゅうりをすりおろして、水気を軽くきります。残りの合わせ酢ときゅうり、汁をきったうどを和えます。

夏

夏の献立——①

ジェリースープ
車えびのマヨネーズかけ、トマト
レタスそえる
すずきのバタいため
（青豆そえ）

いろいろなものをこしらえて、そして、それを目で食べる工夫をする。すこし黄色が足りないなと思ったら、菜の花をちょっと入れるとか、あるいはたくあんでもいいわ。それをちょっと刻んで、さらして、添えるとか。とにかく、卵の黄身でもいいし、何かしら黄色のものをちょっと入れて、目で、「あっ、おいしそうだな」と思うようにごまかして食べると（中略）身にも皮にもなるような気がするから不思議です。（おいしく食べるには『わたしのおせっかい談義』光文社文庫）

昭和 46.6.26

すずきのバタいため

すずき　2切
塩　少々
白こしょう　少々
薄力粉　適量
バター　5g
油　適量
グリーンピース炒め
　グリーンピース（むき）　150g
　玉ねぎ　⅛個　塩　少々
　ベーコン　1枚　こしょう　少々
　バター　10g　水　大さじ2

すずきに塩、白こしょうで下味をつけ、薄力粉をまぶします。フライパンを中火にかけ、バターと油を入れて、すずきを皮目から焼きます。身が反るので少し押さえ、焼き目がついたらひっくり返し、全体に火が通るまで弱火で焼きます。

つけあわせのグリーンピース炒めを作ります。フライパンを熱し、バターを入れ、みじん切りにした玉ねぎ、5㎜に切ったベーコンを中火で炒めます。グリーンピースを加え、4～5分炒め、塩、こしょう、水を加えて柔らかくなるまで軽く煮ます。

車えびのマヨネーズかけ、トマト、レタスそえる

車えび　6尾
酒　大さじ2
塩　大さじ½
レタス　2〜3枚
トマト　⅓個
ソース
マヨネーズ　大さじ2
アプリコットジャム　大さじ½
粒マスタード　小さじ1〜2
マヨネーズ（作りやすい分量）
卵黄　1個分
酢　小さじ2
ディジョンマスタード　小さじ1
塩　小さじ⅓
油　120〜140㎖
白こしょう　少々

マヨネーズを作ります。ボウルに卵黄、酢、ディジョンマスタード、塩を入れ、ホイッパーでよく混ぜます。油を線のように少しずつたらしながら加え、たえず混ぜてください。最後に白こしょうと、酢や塩（分量外）で味をととのえます。

ソースを作ります。材料をさっと混ぜ（上写真）、味の濃淡を楽しめるようにします。

車えびの頭と背ワタをとり、酒と塩を入れた湯で2分ほど茹で、ザルに上げて冷ましてから殻をむきます。

皿にちぎったレタス、くし切りにしたトマト、車えびを盛り、ソースをかけます。

市販のマヨネーズはメーカーによって実は味に特色があるもの。自家製ならクセが少ないので、アレンジがしやすいです。変わったところでは、マスタードのかわりに練乳やはちみつを入れるのもおいしいです。フルーツサラダなどにぴったり。

ジェリースープ

スープ
- 昆布　5g
- 水　500㎖
- トマト（すりおろす）　½個（100g）
- かつおぶし　10g
- 粉ゼラチン　5g
- 塩　小さじ1

トマト　½個（100g）
きゅうり　½本
かぶ　½個
大葉　2枚
レモン　適量

スープを作ります。小鍋に水と昆布を入れて弱めの中火にかけ、沸く寸前で昆布をとり出し、トマトとかつおぶしを入れて、火を止め、2～3分たったら細かめのザルで濾します（約450㎖になります）。温かいうちに粉ゼラチンをふりいれ、塩も加えてよく混ぜ、粗熱がとれたらビニール袋に入れ、冷蔵庫で2時間ほど冷やし固めます。

固まったらボウルに移し、小さな角切りにしたトマト、きゅうり、かぶをスープとさっくり混ぜ、器に盛ります。千切りにした大葉をのせ、スライスしたレモンを添えます。

そのまま味わうと、和風の優しい味、途中でレモンを搾ると……途端に洋風になり、さわやかです。

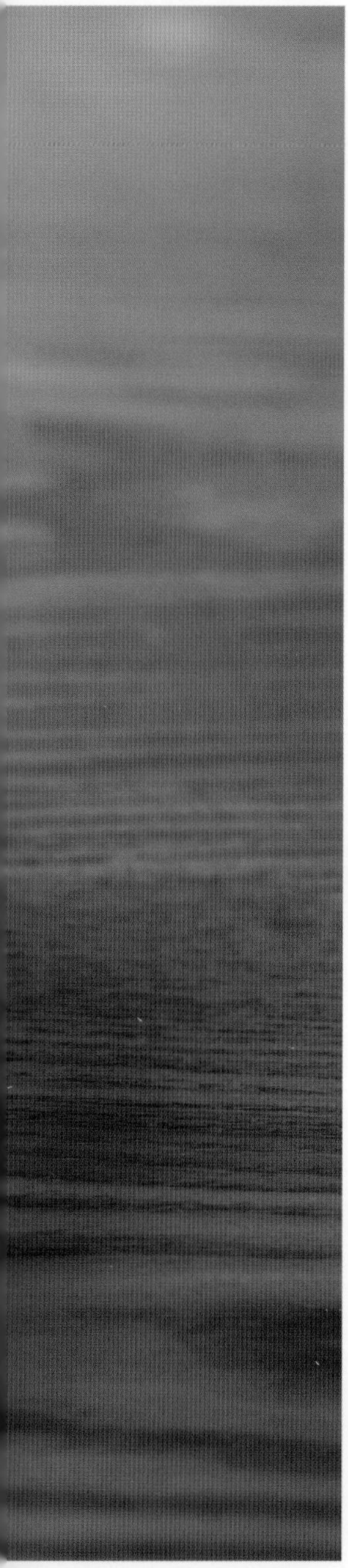

夏の献立――②

しゅうまい
（キャベツ）
いかとわかめのいためもの
（ねぎ）*
青豆ごはん
かきたま汁

お金にも名誉にも、もはやたいして関心のない老女の今生《こんじょう》の願いは、残り何回かの食事をいかにおいしく食べるか、にある。／「……まずいものでおなかをいっぱいにしたら一食分損をする。それならいっそ食べずにおこう（中略）」／そんな悲壮な決心をして、さて、それで毎日どんなおいしいものを食べているか、というと――これが、われながらまことにおかしい。どこの何を食べに行くでもなし、来る日も来る日も、自分の手料理ばかりなのだから。（あと何回？『わたしの茶の間』）

*レシピはP143。

昭和59.7.4

しゅうまい

作りやすい分量
豚肩ロース肉（とんかつ用）　２００g
豚ひき肉　２００g
玉ねぎ　¼個
干ししいたけ　２枚
片栗粉　大さじ1と½
オイスターソース　大さじ1
酒　大さじ½
砂糖　大さじ½
しょうが汁　小さじ1
しょうゆ　小さじ1
塩　小さじ½
こしょう　少々
ごま油　大さじ½
しゅうまいの皮　20〜30枚
キャベツ　適量
タレ
　しょうゆ　適量
　からし　適量
　酢　適量
　こしょう　適量

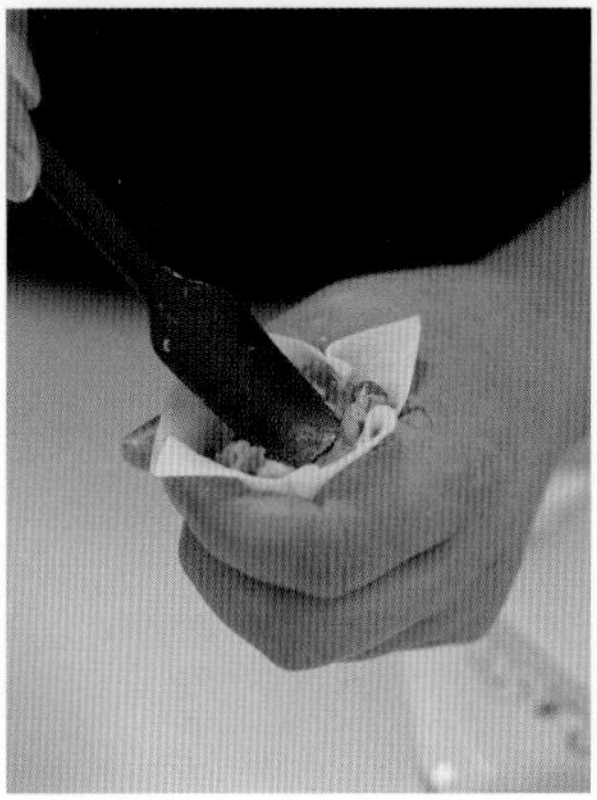

タネを作ります。豚肩ロース肉は5㎜〜1㎝角にします。玉ねぎともどして石づきをとった干ししいたけは粗みじん切りにし、片栗粉をまぶしてください。ボウルに豚肩ロース肉と豚ひき肉を入れ、オイスターソース、酒、砂糖、しょうが汁、しょうゆ、塩、こしょうを加え混ぜます。玉ねぎ、しいたけ、ごま油も加えて混ぜ、冷蔵庫で1時間休ませます。

しゅうまいの皮でタネを包みます。左写真のように、皮を指で作った輪にかぶせて、タネを詰めていきます。皮を支える手の薬指を台のように使うと安定します。

蒸気が上がった蒸し器で8〜10分中火で蒸します。ふきんでふたをくるんで水滴が落ちないようにしてください。竹串を刺して汁が透明なら火が通っています。

器にしゅうまいと千切りにしたキャベツを盛り付け、しょうゆとからしや酢とこしょうでいただきます。

オイスターソースを塩こうじにすると、うまみはそのままで、あっさりとした味わいになります。

しゅうまいごはん

作りやすい分量

しゅうまい　4〜6個
米　2合
ホタテ缶　1缶(70g)
しょうが　5g
昆布　5g
小ねぎ　適量
酢じょうゆ
(混ぜておく)
酢　適量
しょうゆ　適量

米を洗い浸水し、ザルに上げます。お釜に米、ホタテ缶(汁ごと)と適量の水を入れ、千切りにしたしょうが、昆布をのせ、炊きます。

炊き上がったら4等分に切ったしゅうまいを合わせ、酢じょうゆをかけてざっと混ぜます。器に盛り、小ねぎの小口切りを散らします。

かきたま汁

卵　1個
長ねぎ　適量
のり　適量
だし　500㎖
片栗粉　小さじ1
塩　小さじ1弱
しょうゆ　少々
しょうが汁　適宜

長ねぎはうすい小口切りにし、さっと水に通し水気をきります。

鍋にだしを沸かして、片栗粉を倍量の水（分量外）で溶いて加え、とろみをつけ、塩、しょうゆで味をととのえます。

だしを大きく混ぜ、まわっている間に、溶いた卵を片口の器などを使って細くたらして入れます。火を止めて、お好みでしょうが汁を加えます。

器に盛り、ねぎ、ちぎったのりをのせます。

夏の献立——③

コールドミート
（粉ふき芋、いんげん、人参）
トマト、玉ねぎのサラダ
（クレソン）
冷しスープ
（春雨、パセリ）
大根揚の味噌汁

お酒の相手ができるわけではなし、格別おいしいものが差し上げられるわけでもないのに、なんとなくわが家の茶の間がにぎやかなのは、私たちがただ一つ、常に聞き上手を心がけているせいかな、とうぬぼれている。（話の輪『わたしの茶の間』）

昭和 43.8.1

コールドミート

作りやすい分量
豚ロース肉（ブロック）　1kg
下味
　黒こしょう　5粒
　ローリエ　1枚
　塩　20g（約小さじ4）
　砂糖　5g（約大さじ½）
　酢　大さじ1
　水　200mℓ
油　適量
サルサヴェルデソース
　イタリアンパセリ　25g
　アンチョビ　2〜3切（10g）
　にんにく　1片（5g）
　ケイパー　大さじ2（20g）
　オリーブオイル　大さじ4〜5
　ワインビネガー　小さじ½〜1
　こしょう　少々

つけあわせ
　じゃがいも　2個
　いんげん　10本
　にんじんのグラッセ
　　にんじん　1本（200g）
　　砂糖　小さじ2
　　バター　6g
　　塩　少々

豚ロース肉のブロックに下味をつけます。下味用の材料をビニール袋に入れて混ぜておきます。フォークで数か所刺して穴をあけた豚肉をその中に入れ、空気を抜いて袋を閉じ、冷蔵庫で一晩おきます。豚肉を袋からとり出し、まわりの水分を拭き、タコ糸でしばり（P92）、30分ほど常温において油をうすく塗ります。

120℃に予熱したオーブンで60分焼きます。天板に揚げ網を置き、その上に豚肉をのせます。途中で天板の前後を入れ替えてください。

焼いている間に、サルサヴェルデソースを作ります。すべての材料を細かく刻み、ボウルに入れ、オリーブオイルと混ぜ、ワインビネガーとこしょうを加えてさらに混ぜます。

肉が焼き上がり、余熱がとれたら冷蔵庫へ。冷えたらコールドミートの完成です。肉1kg／120℃／60分のこのレシピは、ちょうど火が通るように割り出しました。心配な方は5分余計に焼くのをおすすめします。脂の多い部位は、焼き立てをしょうがじょうゆで食べるのもおすすめです。

つけあわせを作ります。じゃがいもは粉吹きいもに（P31）、いんげんは食べやすく切り、塩茹で（塩は分量外）します。

にんじんのグラッセも添えましょう。にんじんは皮をむいて輪切りにします。鍋で水から柔らかくなるまで茹でたら、水分をにんじんがひたひたになるくらいまですて、砂糖、バター、塩を加えて弱火で煮ます。

コールドミートをうすく切り、器に盛ります。ソースに使ったイタリアンパセリを刻まずに少しとっておき飾ってもいいです。つけあわせとソースも器に盛り、添えます。

華やかな献立です。夏の夜、お客様でもあったのでしょうか。

トマト、玉ねぎのサラダ（クレソン）

トマト　1個
クレソン　1束
玉ねぎ　¼個
ドレッシング
　酢　大さじ1
　はちみつ　小さじ1
　塩　小さじ⅓
　オリーブオイル　大さじ3
　白こしょう　少々

トマトは一口大の乱切りに、クレソンは食べやすくちぎっておきます。玉ねぎは繊維にそって薄切りにします。

ドレッシングを作ります。ボウルに酢、はちみつ、塩を入れて合わせます。さらにオリーブオイルを少しずつ加えながらホイッパーでよく混ぜてください。最後に白こしょうを加えます。

食べる直前にボウルで野菜とドレッシングを和え、器に盛ります。

紹介したドレッシングは応用が利きます。すりごまやフレンチマスタードを加える、桃、柿、りんご、トマトなどをすりおろして加える（約大さじ3）、酢をレモンやライムにする（皮も削って入れます）、塩をしょうゆ、梅酢、豆板醬、ゆずこしょうにする、油をごま油や米油にする……などなど！

冷しスープ

鶏スープ
　鶏ひき肉　150g
　水　500㎖
セロリ　¼本（40g）
セロリの葉　適量
春雨（乾燥）　10g
塩　適量

鶏スープを作ります。火にかける前に、鍋に鶏ひき肉と水を入れ、よく混ぜます。弱めの中火で沸騰させて、ひき肉に火が通ったら目の細かいザルなどで濾します。

セロリはすじをとって千切りにし、葉も刻みます。春雨は茹でて、水で締め、しっかり絞り、食べやすい長さに切ります。

鍋に鶏スープ、セロリの葉を入れ（トッピングに少しとっておきます）、火にかけ、沸騰したら塩で味付けし、粗熱をとって、冷蔵庫で冷やします。

器に春雨とスープを入れ、千切りにしたセロリ、葉をのせます。

沢村さんがパセリを使ったところを、セロリに替えてみました。

鶏スープをとったあとのひき肉は、しょうゆや砂糖で味付けしておくと、卵焼きに入れたり、ご飯にかけたり……といろいろ使えます。

夏の献立――④

冷やしのっぺい
（里芋、いか、大正えび、生しいたけ、ごぼう、枝豆）
くらげ、とりのささみ、いんげんの甘酢
ピーマンのなべしぎ
うなぎときゅうりのザクザク
かまぼこ
ひやしとろろ汁
（食后　白桃）

街中においしいものが溢れているから、ときたまわが家でお食事なさる親しい方には、手馴れたお惣菜を差し上げる――大根と鶏肉の炒め煮、たたき牛蒡《ごぼう》、煎《い》り豆腐など。珍らしいものでもお嫌いなものはすすめない。食事直前のお菓子は無用。その日のお天気、温度次第で熱いものは熱く、冷たいものは冷たく……。あり合わせの器でも、なんとか美味しそうに盛りつけている。（献立ひとくちメモ　お客様のいる食卓『わたしの献立日記』）

昭和55.7.29

冷やしのっぺい

作りやすい分量
里芋（小）　4個
生しいたけ　4個
きくらげ（乾燥）　5g
ごぼう　½本（100g）
鶏ささみ　2本
いか（小）　1杯（200g）
えび（殻付き）　6尾
枝豆（むき）　50g
片栗粉　適量
煮干しだし　500㎖
みりん　大さじ1
しょうゆ　大さじ1
塩　小さじ1

具材を準備します。里芋は皮をむき半分に、石づきをとった生しいたけともどしたきくらげは食べやすく、ごぼうはたわしで皮をこそげるように洗い、一口大の乱切りに、鶏ささみは1本を斜め4等分に、いかは皮をむき、一口大にそれぞれ切ります。えびは、殻をむいて背ワタをとり、片栗粉をまぶしてもみ、水洗いし、臭みをとります。枝豆は塩茹で（塩は分量外）します。

鍋に煮干しだしを入れ、里芋とごぼうを加え火にかけ、沸騰したら弱火にし、10分ほどしたらしいたけ、きくらげも加えて煮ます。里芋とごぼうに火が通ったらみりんを加え、2〜3分煮てからしょうゆ、塩、さらにえびとささみも加えて1〜2分煮て、最後にいかを加え、火が通ったら「のっぺい」の完成です。味がうすければしょうゆ（分量外）でととのえます。のっぺいを氷水に当てて冷やし、枝豆も加えます。

この日の献立日記にはゲストの名前がたくさん。品数も多く豪華です。私は甘酢和えの材料をちょっとこちらにまとめて、手軽な献立にしました。

ピーマンのなべしぎ

作りやすい分量
ピーマン　5個
ごま油　大さじ½
たかのつめ（輪切り）　少々
酒　大さじ1
赤みそ　大さじ1
砂糖　小さじ1
白いりごま　少々

ピーマンをタテ半分に切り、ヘタと種をとり、ヨコに3等分します。

熱したフライパンにごま油をひき、弱火でピーマンを炒めます。油がまわったら、たかのつめを加えてさらに炒め、ピーマンにだいたい火が通ったら、酒で溶いた赤みそと砂糖を加え、全体になじんだら、器に盛り、白いりごまをかけます。

「なべしぎ」と言えば、なすが一般的ですが、ピーマンで作っている沢村さん。こういうちょっとしたアイデアのおかげで、定番から抜け出せて、発想が広がります。ピーマンと何か組み合わせるのもいいです。なす、トマト、玉ねぎなどなど。

うなぎときゅうりのザクザク

うなぎの蒲焼き　½尾
きゅうり　1本
しょうが　5g

合わせ酢（混ぜておく）
酢　大さじ3
砂糖　大さじ½
塩　小さじ¼

きゅうりを輪切りにし、塩（分量外）を軽くふり、しんなりしたら水で洗って絞ります。しょうがは千切りにし、水にさらし、水気をきっておきます。きゅうりを、合わせ酢大さじ1とさっと和え、汁をすて、1cmに切ったうなぎの蒲焼きと残りの合わせ酢を加えて和え、器に盛り、しょうがをのせます。

ひやしとろろ汁

長芋　¼本（100g）
小ねぎ　少々
だし　500mℓ
みそ　大さじ2

だしにみそを溶き、冷蔵庫で冷やします。
長芋をすりおろし、小ねぎは小口切りにします。
お椀にみそ汁をよそい、長芋を入れ、小ねぎを散らします。
大葉やみょうがを入れてもおいしいです。

夏野菜の土佐酢風味

昭和55.8.10

黄パプリカ　½個
赤パプリカ　½個
ししとう　15本
トマト(小)　2個
みょうが　3個
なす　1本
塩　ひとつまみ
油　適量
土佐酢
かつおぶし　5g　みりん　大さじ2
昆布　5g　塩　小さじ½
酢　100㎖　水　150㎖
薄口しょうゆ　大さじ2

土佐酢の材料を小鍋に入れ、中火にかけ、ひと煮立ちしたらザルで濾します。

パプリカは一口大に切り、ししとうは串で穴をあけます。トマトはくし形に、みょうがはタテ半分に切ります。なすは輪切りにし、塩をまぶし、水が出たらペーパーでふきとります。

フライパンにうすく油をひいて、トマト以外の野菜を中火で焼き、トマトと一緒に土佐酢に浸します。粗熱がとれたら1〜2時間冷蔵庫で冷やします。

柳川もどき（新ごぼう、豚肉、しょうが、玉子）

昭和62.8.31

豚バラスライス　70g　　ポン酢しょうゆ　大さじ2と½
しょうが　少々　　みりん　大さじ½
新ごぼう　¼本（40g）　　水　80mℓ
卵　2個

豚バラスライスは5cmに切り、しょうがは千切りに、新ごぼうはささがきにします。

小鍋か小さいフライパンに、ポン酢しょうゆ、みりん、水を入れて中火にかけ、沸騰したら豚肉、しょうが、ごぼうを加えて火が通ったら卵を溶いてまわし入れ、ふたをして火を止めます。

枝豆のあづま煮

昭和43.8.11

枝豆　250g
煮汁
昆布　5g
しょうゆ　大さじ3
酒　大さじ3
たかのつめ　2本
水　250mℓ

枝豆は端をはさみで切って、うぶ毛をとるように塩（分量外）でもんで水でしっかり洗います。

鍋に煮汁の材料と枝豆を入れて中火にかけ、沸いたらアクをとり弱火で15分煮て冷まします。

しょうがご飯（新しょうが、油あげ、一番だし）

平成元.7.25

作りやすい分量

米　2合

新しょうが　25g

油あげ　½枚

だし　360mℓ

塩　小さじ1

米を洗いしっかり浸水し、ザルに上げます。

新しょうがは千切りにします。油あげは油抜きし、ヨコ半分にしてから千切りにします。

お釜に米、だし、塩を加えてさっと混ぜ、新しょうがの千切り、油あげをのせて炊きます。

じゃこやホタテ缶を入れれば、だしを使わなくても大丈夫です。

湯びき牛肉のからし醤油そえ（牛肉、玉ねぎ、しその葉）

昭和58.7.15

牛スライス（しゃぶしゃぶ用）150g

紫玉ねぎ　½個

大葉　5枚

塩　少々

タレ（混ぜておく）

しょうゆ　大さじ1

豆板醤　大さじ½

ごま油　大さじ½

酢　小さじ1

砂糖　小さじ½

水　大さじ½

紫玉ねぎは繊維にそってスライスし、水に放ち、ザルに上げ、水気をきります。沸騰した湯に塩を入れ、牛スライスを入れたら火を止め、色が変わったらザルに上げ水気をきります。紫玉ねぎ、千切りにした大葉、牛肉をタレで和え、器に盛ります。

新わかめの茶わんむし

昭和41.6.30

2個分
卵　1個
ちくわ　½本
わかめ　15g
梅干し（粗く刻む）　小さじ½
だし　180㎖
塩　ひとつまみ

ちくわは輪切りに、わかめは一口大に切ります。

卵液を作ります。卵をボウルに溶き、梅干し、だし、塩を加え、混ぜます。

器を2つ用意して、それぞれにちくわとわかめを入れ、卵液を注ぎ、アルミホイルでふたをします。

蒸気が上がった蒸し器に入れ、強火で2分、弱火で12～13分蒸します。鍋で蒸すときは、3㎝くらいの湯を沸かし、器を入れ、鍋のふたをして、弱火で、15分くらい蒸します。

秋

秋のおやつ——①

ドラやき（手製）

結局、幸福とは何なのか、私にはやっぱりわからない。だから——毎日の小さい喜びを一つずつ集めることにしあわせを感じている。／例えば……暖かくなって鉢植のすみれの花が咲いたとか、てんぷらが上手に揚がって夫にほめられた、とか、暇ができて好きな本をゆっくり読めた……などなど。おかしいけれど——それが、私のしあわせである。（幸せって？『老いの楽しみ』）

昭和 49.10.16

ドラやき

6~7個分
さつまいも　1本
粒あん　適量
卵　2個
薄力粉　100g
重曹　2g
砂糖　60g
みりん　大さじ1
水　大さじ1
油　適量

ドラやきにはさむさつまいもを蒸します（45分程度。竹串がすっと刺さるまで）。蒸しあがったら、3~4枚、1cm厚にスライスします。使い切れないと思いますので、P51のサラダなどに活用しましょう。

卵は常温に戻しておきます。

ドラやきの生地を作ります。薄力粉と重曹を合わせてふるいます。ボウルに卵、砂糖を入れて混ぜ、50℃くらいのお湯で湯煎しながら、泡立てます。すくって筋が残る程度に白くもったりとするまで混ぜ（上写真）、みりん、水を加えてさらに混ぜます。全体がなじんだら合わせた薄力粉と重曹を2回に分けて入れ、ゴムベラでさっくり混ぜ、ラップをして15分休ませます。

中火で熱したフライパンにキッチンペーパーでうすく油をひき、弱火にし、生地を落として8cmくらいに広げます（12~14枚焼ける分量です）。1分半焼き、ひっくり返してさらに30秒ほど焼きます。バットにとり出し、ふんわりとアルミホイルをかけておきます。

焼き上がった生地に粒あんをはさみます。もう一種、さらにさつまいもをはさんだものも作りましょう。

緑茶とともにいただきます。

おやつ

献立日記に、はじめは夕食だけを記録していた沢村さんですが、2巻の途中（昭和42・7・18）からは朝食も書くようになりました。さらに、10巻の途中（昭和48・9・14）からは「おやつ」も書きはじめます。沢村さんは、朝夕の一日二食で、昼食のかわりにおやつを摂るのが習慣でした。懐中しるこや最中、大福、エクレア、ゴーフル、果物など変化に富んでいます。「手製　おはぎ（昭和49・9・22）」「手製　わらびもち（昭和52・4・8）」「手製　大学芋（昭和54・11・1）」などと、手作りした記録もときどき出てきます。麺類も多く、煮うめん、うどん、ざるそば、中華そばも定番です（もはや昼食では？）。

仕事も家事も手一杯していた様子の沢村さんですから、エネルギー源は必要、でも、昼食の時間すら惜しかったのかもしれません。または、女優として体重管理するための食習慣だったのでしょうか。若い俳優が食べ過ぎているのをつい咎めてしまった（それを忘れていて、後から感謝され赤面する）というエッセイもありますから（好き嫌い『わたしの献立日記』）。

秋の献立——①

お好みずし
（まぐろ、鯛）
ほうれん草のごまよごし
きんぴら
（ゴマ入り）
おみおつけ
（みょうが）

ごぼうとにんじんを細く切り、油で炒めたきんぴらはおなじみのおそうざいだが、うちではときどき、ささがきにしたごぼうにとりのもも肉のたたきをあわせて、肉いりきんぴらをこしらえる。ゴマ入りもちょっと風味がある。いずれにしても口あたりのいいように細く、うすく切り、水にさらしたあと、ていねいに油で炒めてからゆっくり煮るのがコツ。（常備菜『わたしの台所』光文社文庫）

昭和 59.10.24

お好みずし

作りやすい分量
米　2合
昆布　5g
酒　大さじ1
すし酢（混ぜておく）
　酢　大さじ3
　砂糖　大さじ1
　梅酢　大さじ1
まぐろ　½さく（100g）
鯛　½さく（100g）
きゅうり　⅓本
たくあん　約5cm分
大葉　6枚
梅干し　大1個
のり　適量
わさび　適量
しょうゆ　適量
ごま　適宜

米を洗い浸水したら、水を少し減らし、昆布、酒を入れて硬めに炊いてください。米が炊けたら昆布をとり、飯台にあけ、すし酢をまわしかけ、しゃもじで米を切るように混ぜ、うちわであおいで粗熱をとります。

まぐろ、鯛は食べやすい大きさに切ります。きゅうり、たくあんは細く切ります（ごまをまぶしてもいいです）。大葉は軸をとります。梅干しはたたきます。のりはお好みの大きさに切ります。わさびは皮の黒い部分を削り、すりおろします。食卓でのりに酢飯、お刺身などの具材や薬味をのせて、しょうゆをつけていただきます。

ほうれん草のごまよごし

ほうれん草　½束（100g）
和え衣
　黒いりごま　大さじ2
　しょうゆ　小さじ1
　砂糖　小さじ1

すり鉢に黒いりごまを入れて粒がほとんどなくなるまですります。しょうゆ、砂糖を加えてすり合わせます。

ほうれん草を塩茹でし（塩は分量外）、水にとります。ほどよく絞って食べやすい長さに切り、すり鉢で和え衣と和えます。

きんぴらポテサラ

作りやすい分量

きんぴら（作りやすい分量。うち⅓を使う）
ごぼう　1本（200g）
にんじん　½本
ごま油　大さじ1
たかのつめ（輪切り）　ひとつまみ
砂糖　大さじ½
しょうゆ　大さじ1と½
酒　大さじ1と½
白いりごま　小さじ1

ポテサラ
じゃがいも　3個
ちくわ　1本
小ねぎ　適量
マヨネーズ（P57）　大さじ1と½
酢　小さじ1
粒マスタード　小さじ1

きんぴらの作り方と、その活用法をご紹介します。

まずはきんぴらの作り方。ごぼうはたわしで皮をこそげるように洗い、斜め薄切りにしてから千切りにします。1〜2分、水にさらし、しっかり水気をきります。にんじんも千切りに。

鍋にごま油をひき、たかのつめとごぼう、にんじんを入れて中火で炒めます。しんなりしたら火を弱め、砂糖、しょうゆをまわし入れてしばらく炒めて、酒を加えて汁気がなくなるまで炒め、白いりごまをふります。柔らかめが好きなら、水やだしを50㎖加えて長く炒め煮にしてもおいしいです。

ポテサラに仕立てます。ちくわ、小ねぎは小口切りにします。

じゃがいもは皮をむいて4〜6等分にし、塩少々（分量外）を加えて水から茹でます。柔らかくなったらザルにあけてボウルにうつしてつぶします。粗熱がとれたらちくわ、マヨネーズ、酢、粒マスタードを加えて混ぜ、塩（分量外）で味をととのえます。

下からポテサラときんぴらを交互に盛り付け、最後に小ねぎを散らします。

秋のおやつ——②

チャーシューメン（ねぎ、やき豚手製）

「お宅は店屋物《てんやもの》とらないからダメだって、親父が言ってたけど……ほんと？ま、そのうち、いっぺん註文してみて下さいよ、うちはうまいんだから——ほんと。いつまでも自分でやるわけにゃゆかないでしょ（中略）ほんと——おねがいしまーす」／（中略）ほんと、——たしかに、そろそろ家事にもくたびれる齢である。いずれそのうち、註文しましょう……でもそれまで、もうすこしだけ、自分で好きなようにやらせて下さいな、ほんと——おねがいしまーす。（手料理『わたしの献立日記』）

S&B
100%
ORGANIC
SPICE
有機スパイス
WE PROVIDE A FIRST-CLASS TASTE BROUGHT DIRECTLY FROM THE EARTH.

昭和55.10.13

チャーシューメン

チャーシュー　適量
茹で卵　2個
中華麺　2玉
長ねぎ　⅓本
スープ　600㎖
チャーシューの煮汁　大さじ6
しょうゆ　小さじ2
塩　小さじ½
こしょう　適宜

チャーシュー（作りやすい分量）
豚肩ロース肉（ブロック）
300g×2本
油　適量
酒　75㎖
煮汁
長ねぎの青い部分　1本分
しょうゆ　150㎖
みりん　75㎖
砂糖　大さじ1
水　500㎖

スープ（作りやすい分量）
鶏手羽元　6本
昆布　5g
水　1.5ℓ

チャーシューを作ります。豚肩ロース肉をタコ糸で縛ります。端で一度固く結んだら、あとはぐるぐる巻きにして、終わりは、巻きつけたひもの下にはさみます（次ページ写真）。いろいろな方法がありますが、これなら巻くのも外すのも簡単。煮崩れが気にならないならそのまま煮てもいいです。豚肉の表面を油をひいたフライパンで焼きます。軽く焦げ目がついたら、酒を加え、肉汁ごと煮汁を合わせた鍋に移します。中火にかけ、沸騰したらアルミホイルなどで落としぶたをして、弱めの中火で1時間煮ます（途中でひっくり返します）。このとき豚肉にぴったりの大きさの鍋を選ぶのもコツです。火を止めて、冷めるまで煮汁に浸しておきます。茹で卵も浸して煮卵にします。

スープを作ります。鶏手羽元は洗って骨にそって肉に切れ目を入れ、骨がのぞくようにします。鍋に手羽元、昆布、水を入れて中火にかけます。沸騰したら昆布をとり出し、アクをとり、弱火で20～25分煮て、目の細かいザルで濾します。

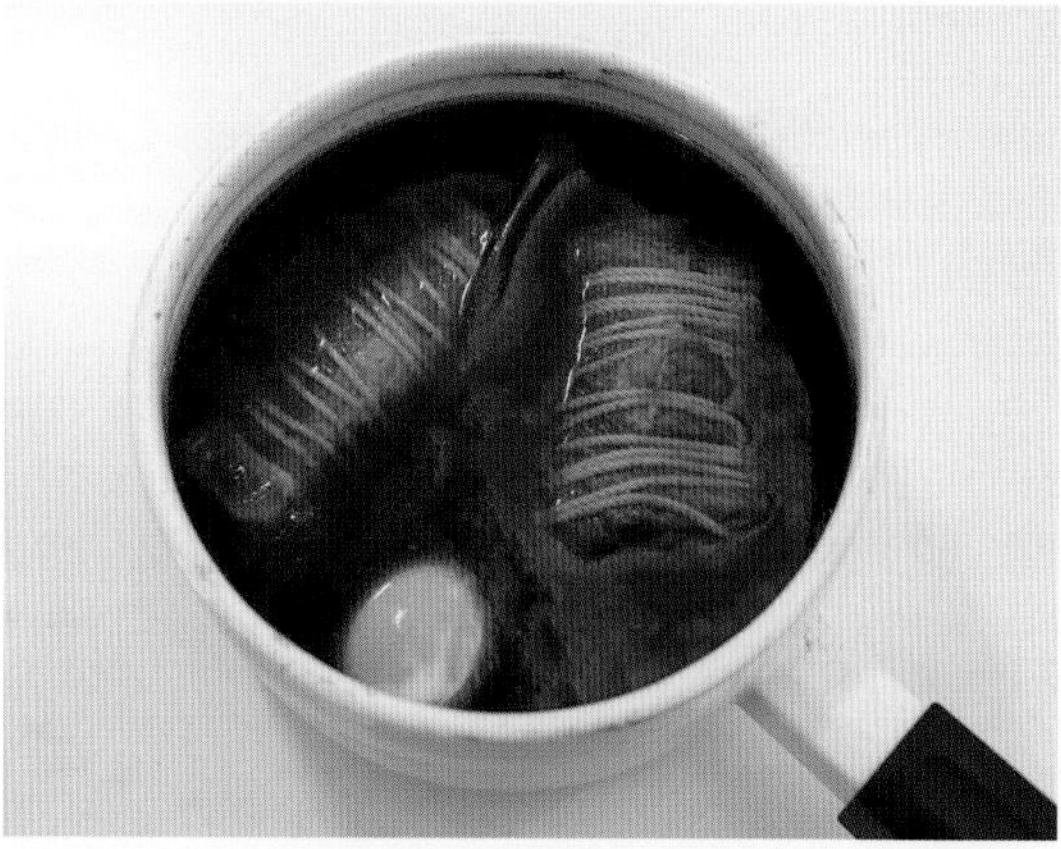

器を2つ用意して、それぞれにチャーシューの煮汁、しょうゆ、塩を入れます。そこに熱々のスープを注ぎます（味がうすければ調整は煮汁で）。

たっぷりの湯で茹でた中華麺を器に入れ、斜め薄切りにして水で洗い、水気をきった長ねぎ、スライスしたチャーシューと半分に切った煮卵をのせて、お好みでこしょうをふって召し上がれ。

沢村さんは基本的に一日二食ですが、こんなふうにおやつに麺類を食べることがよくあったようです。

秋の献立——②

木の葉カツ
（豚ヒレ、生しいたけ、ねぎ）
のり
黒豆＊
みそ汁
（こかぶ）

学校の帰り道、私もその銀杏の下にしゃがんで、黄色に染まったきれいな落ち葉を探しては、二枚、三枚、抱えている本の間にはさんだりしたものだった。夕方のひととき、その辺りは不思議に静かだった。（回想の浅草公園『わたしの茶の間』）

＊レシピはP142。

昭和55.9.29

木の葉カツ

豚ヒレ肉（ブロック）　250g
しいたけ　4枚
長ねぎ　1本
塩　少々
こしょう　少々
バッター液（混ぜておく）
　薄力粉　大さじ4
　卵　1個
　水　大さじ1
パン粉　適量
油　適量
もみじおろし
　大根　¼本（200g）
　たかのつめ　4本
合わせソース（混ぜておく）
　中濃ソース　大さじ2
　しょうゆ　小さじ1
　だし　大さじ1
すだち　1個

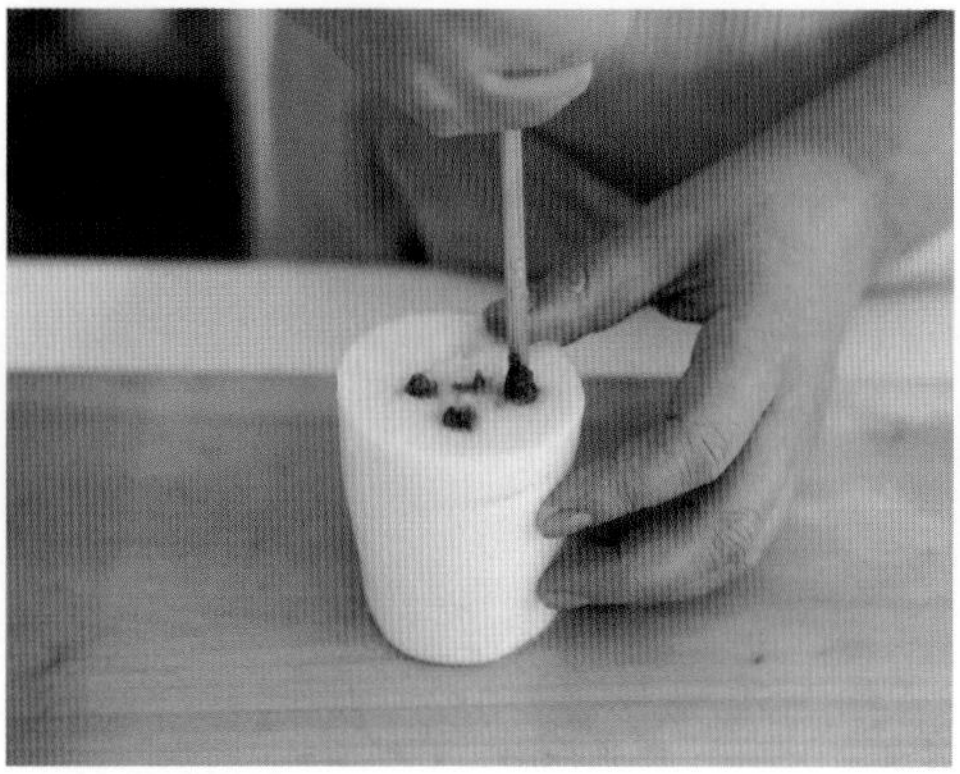

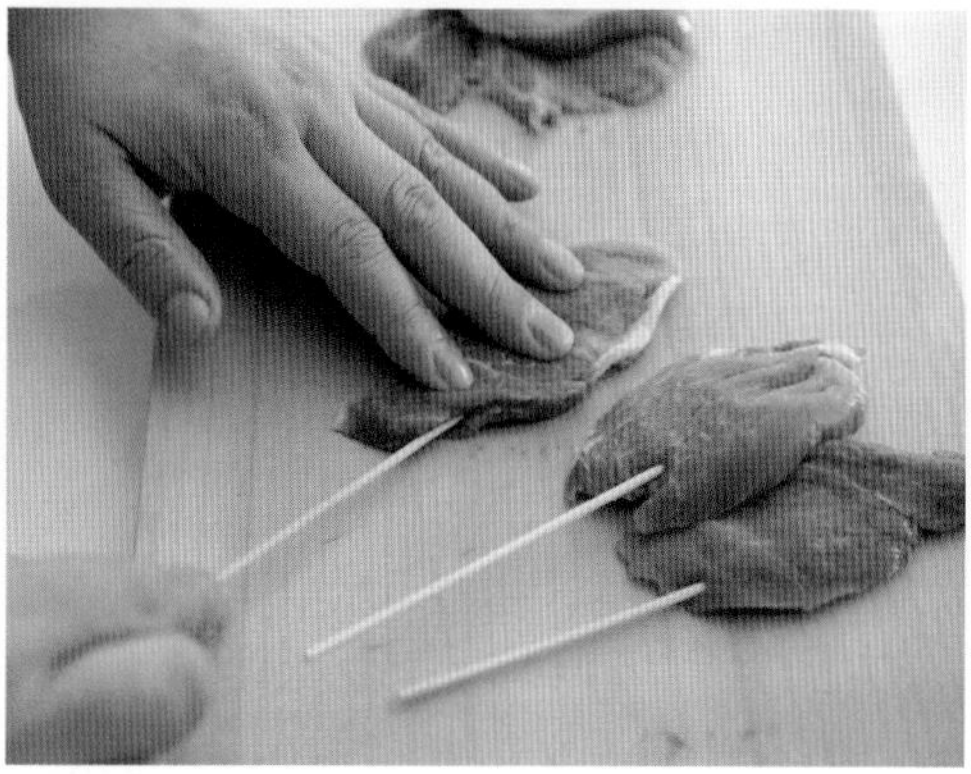

もみじおろしに使うたかのつめは水に浸してふやかしておきます。

豚ヒレ肉のブロックを1cm厚のそぎ切りにし、串に刺し（上写真）、塩、こしょうをふります。しいたけは石づきをとり半分に切り、長ねぎは3cmに切り、交互に串に刺します。

それぞれの串をバッター液にくぐらせ、パン粉をつけ、軽く押さえます。

衣のついた串を、約170℃の油で色よく揚げます。

もみじおろしを作ります。大根は皮つきのまま、箸などを使って3〜4か所穴をあけて、たかのつめを挿し（上写真）、すりおろします。

器にカツともみじおろし、半分に切ったすだちを盛り付けます。合わせソースをかけて召し上がれ。

『おそうざい十二カ月』にその名も「木の葉カツ」というレシピを見つけました。春の献立③の「うにごはん」（P26）と同様に、もしかしたら沢村さんも見たのかもしれません。私も参考にして作りました。

秋の献立――③

茶めし
煮こみおでん
（さつまあげ、ちくわ、こんにゃく、
八つ頭、大根、かに、たこ）
たたみいわし
とろろこぶのおすまし

その年の陽気によるけれど、ぬか漬けを楽しめるのは大体、三月から十月いっぱい。十一月の声をきけば――ぬか床に残っている古《ふる》づけや昆布、大豆など余分なものをすっかりとり出し、天塩で二センチほどの厚い塩蓋《しおぶた》をして、ゆっくり冬眠してもらう。（寒暖計『わたしの献立日記』）

昭和63.12.9

煮こみおでん

作りやすい分量
大根　¼本（300g）
里芋　4個
ちくわ　2本
さつま揚げ　4枚
こんにゃく　½枚
茹でたこ　4本
煮干しだし　1.5ℓ
しょうゆ　大さじ1
みりん　大さじ1
塩　小さじ2
和からし　適量

大根は2cm厚にし、半月形に切り、表面に切り口と平行に隠し包丁を入れます。

里芋は洗って水分を拭いて皮をむき、半分に切ります。塩少々（分量外）をまぶして軽くもんで水で洗いぬめりをとります。小鍋に入れて水をひたひたに加え、火にかけて沸いたら弱火にして5分茹で、水で洗い、さらにぬめりをとります。

ちくわは斜め半分に切ります。

さつま揚げは大きければ食べやすく切り、ザルに入れて熱湯をかけて油を落とします。

こんにゃくは半分に切り、さらに三角形に半分に切り、茹でてアク抜きします。

茹でたこは食べやすい大きさに切ります。

鍋に煮干しだし、大根を入れて火にかけ、沸いたら弱火にし10分煮ます。このあともとにかくぐらぐらさせないように静かに、がポイントです。しょうゆ、みりん、塩、こんにゃく、里芋を加えて15分煮ます。残りの具も入れてさらに10分煮て火を止めて30分ほど味をふくませます。里芋に火が通っているか最後に確認しましょう。

器に盛り、和からしを添えます。2日目もおいしいです。

下茹でを省略しているので、大根は、真ん中あたりのアクの少ない部位を使うのがおすすめです。献立日記にあった、八つ頭とかには省略しました。また、この日の欄には「ぬかみそは塩ぶたをして冬休み」とメモも見つけました。冬が来たんですね。

茶めし

作りやすい分量
米　2合
酒　大さじ2
しょうゆ　大さじ2
昆布　5g

米を洗い浸水しザルに上げておきます。お釜に米、酒、しょうゆを入れ、水を適量加えたら混ぜ、昆布をのせて炊きます。炊き上がったら昆布をとり、混ぜます。

とろろこぶのおすまし

お椀にとろろ昆布と梅干しを入れて、お湯をそそぎ、長ねぎの小口切りを散らし、しょうゆをひとたらしして味をととのえたら完成です。材料はすべてお好みで加減してください。おでんも作ったし、おすましはちょっと簡単に。

えび入りニラたま（エビの脚の肉）

昭和60.10.23

えび（殻付き）　80g
下味
　酒　小さじ1
　塩　ひとつまみ
　白こしょう　少々
　片栗粉　小さじ1
ニラ　½束（50g）
卵　3個
塩　小さじ⅓
油　小さじ1＋大さじ½
水　大さじ3
ごま油　大さじ½
しょうゆ　適宜

えびは殻と背ワタをとり、半分にそぎ切りにし、下味の材料をからめます。ニラは4㎝に切ります。卵は塩を加えて溶きます。

フライパンに油小さじ1をひき、弱めの中火でえびを炒め、色が変わったら水を加え、火が通ったら汁ごと卵液に加えます。

同じフライパンを中火にかけ、油大さじ½を入れ、ニラを炒め、緑があざやかになったらごま油を足し、強火にし、卵液を流し入れます。卵がふちからかたまってくるので内側へ返すように混ぜ、半熟になったら火を止め、余熱で仕上げます。最後に、お好みでしょうゆをたらしてください。

豆腐のフライ

昭和45.10.10

木綿豆腐　½丁
豚バラスライス（しゃぶしゃぶ用）　200g
塩　少々
こしょう　少々
バッター液（混ぜておく）
　薄力粉　大さじ4
　卵　1個
　水　大さじ1
パン粉　適量
油　適量
合わせソース（混ぜておく）
　中濃ソース　大さじ2
　しょうゆ　小さじ1
わさび　適量

木綿豆腐は水切りし、一口大に切ります。半分に豚バラスライスを巻き、塩、こしょうをふります。それぞれをバッター液にくぐらせ、パン粉をまぶします。

165℃くらいの油で揚げ、きつね色になったらしっかり油をきって器に盛ります。タレとわさびを添えて召し上がれ。

沢村さんの献立日記には「ふをおろし金でおろして豆腐にからませて揚げる」とありましたが、パン粉で手軽に作りました。

いためサラダ（コーンビーフ、ピーマン、玉ねぎ）

昭和62.9.6

ピーマン　5個
玉ねぎ　¼個
コンビーフ　1缶（80g）
油　少々
黒こしょう　少々
酢　適量

ピーマンはヘタと種をとり、タテに細い千切りにし、器に盛ります。玉ねぎはスライスします。

フライパンにうすく油をひき、コンビーフと玉ねぎを中火で炒めます。黒こしょうをして、ピーマンの上にのせます。

食べるときに酢をかけて和えてください。

献立日記の朝食の欄に見つけた「いためサラダ」。初めて聞きました。シンプルな炒めものだったかもしれません。炒めるならピーマンはタテ半分にしてヨコに1㎝くらいに切るといいです。

五色なます

昭和45.10.7

大根　¼本（200g）
にんじん　½本（100g）
れんこん　½節（150g）
しいたけ　3枚
油あげ　½枚
だし　大さじ5
塩　小さじ⅓
合わせ酢（混ぜておく）
　塩　小さじ1
　砂糖　大さじ1
　酢　大さじ2
すりごま　大さじ2

大根、にんじんは皮つきのまま5㎝の長さの短冊切りに、れんこんは皮をむき、うすいいちょう切りに、しいたけは石づきをとりスライスし、油あげは油抜きし5㎜の短冊切りにします。鍋にれんこん、大根、にんじん、しいたけ、油あげを順に重ねて入れ、だしと塩を加えて、ふたをして中火にかけます。沸騰したら火を弱め、ときどき混ぜながら5分ほど煮ます。水分がほぼなくなったら火を止め、合わせ酢とすりごまを加えて和えます。献立日記に書き添えてあった「大根、人参、椎茸、ぎんなん、しらたき」から少しアレンジ。「煮なます」も沢村さんがよく作っていた料理です。

ちくわと野菜の納豆あえ
（ちくわ、えのき茸、レタス、じゃこ、からし醤油とお酒）

平成元.9.26

納豆　2パック（40g×2）
レタス　½玉
ちくわ　2本
えのき　½パック（100g）
じゃこ　30g
ごま油　小さじ1
油　少々
酒　大さじ1
しょうゆ　小さじ2
からし　大さじ⅓〜½
白いりごま　小さじ½

レタスは7㎜の細切りにし、ちくわは半月切り、えのきは石づきをとります。

じゃこはフライパンにごま油とともに入れ、弱火でカリカリに炒めてとり出します。

同じフライパンにあらためてうすく油をひき、えのきを広げて中火で焼き目をつけ、酒を入れ、ざっと混ぜます。

ボウルにしょうゆとからしを溶き、納豆、レタス、ちくわ、えのき、じゃこを加えてしっかり混ぜます。このとき、大葉の千切りを入れても合います。器に盛り、白いりごまをふります。

かぶと油揚の酒かす煮

昭和 41.10.22

作りやすい分量
かぶ（葉付き） 4個
油あげ 2枚
だし 400mℓ
薄口しょうゆ 大さじ2と½
酒かす（練り） 50g

かぶは皮つきのまま6等分に、葉は3cmに、油あげは油抜きして短冊に切ります。

だしを鍋に入れ中火にかけ、薄口しょうゆ、かぶ、油あげを入れ沸騰したら弱火にし、5分煮ます。酒かすを溶き入れ、さらに5分ほど煮ます。かぶに竹串を刺して確かめながら、好みの固さまで煮てください。かぶの葉を加え、煮えたら火を止めます。

冬

冬の献立——①

すきやき
（ねぎ、牛肉、しらたき、ほうれん草、生ゆば、生麩、餅、玉子）
のり
たたみいわし
おみおつけ
（わかめ、油あげ）

お餅は、のし餅をお正月に頼みますよね。（中略）まだやわらかくてとても切りにくいというときに、大根を輪切りにしてそこに置きまして、包丁でその大根をちょっと切るわけ。お餅がべたつくのを大根の輪切りでふきとっては切ってね、全部切ってしまいます。包丁のべたつきは、ふきんでふきとるより、大根の輪切りを使ったほうが、きれいにとれます。（一年じゅう旬《しゅん》の青豆『わたしのおせっかい談義』）

平成元 .1.16

すきやき

牛肉　300g
牛脂　適量
長ねぎ　1本
ほうれん草　½束
しらたき　1玉
生ゆば　80g
よもぎ麩　1本
白餅・粟餅　各適量
卵　適量
砂糖　大さじ2～3
割下（混ぜておく）
　しょうゆ　80㎖
　みりん　80㎖
　酒　80㎖
昆布だし（P11）　200～250㎖

具材を用意します。長ねぎは斜め切りに、ほうれん草はざく切りに、しらたきは下茹でし、生ゆば、よもぎ麩、餅とともに、食べやすく切ります。沢村さんと同じように、私も包丁を大根で湿らせながら餅を切りました。

牛肉と切った具材を器に盛ります。

食卓に移り、すきやきをはじめましょう。

鍋を火にかけ、牛脂を入れて溶かします。ねぎを5～6切れ入れ、焼き目がついたらひっくり返し、牛肉2枚を上にのせ、砂糖を大さじ½ほどふりかけひっくり返します。割下を⅓ほど入れ、肉が煮えたら、溶いた卵をつけていただきましょう。残りの割下と砂糖と昆布だしを好みの量入れたら、あとは自由に。野菜、しらたき、ゆば、麩、牛肉を入れていきます。餅は、ほうれん草など野菜の上に置くと焦げつきません。味が濃くなったら昆布だしを入れて調整しましょう。

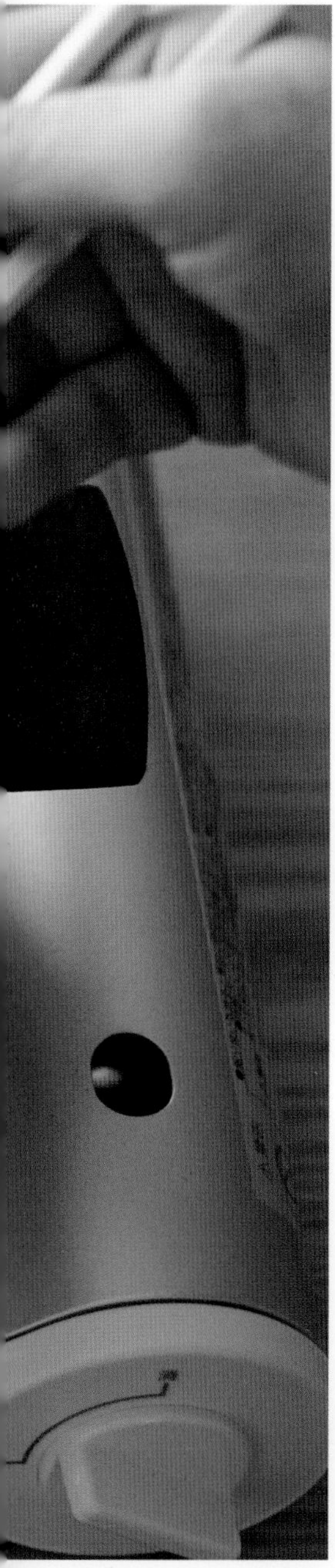

冬の献立──②

ぶりてき
干し柿のみぞれあえ
春菊のおひたし
みそ汁
（かす入り）（ひらめのアラのだし、大根、にんじん、おとうふ、みつば）

今日は何にしたらいいか、なかなか献立が決まらないときがあります。そういうときには、ちょうど一年前の献立を見るんです。（中略）／それで、一年前と同じものにしてもいいし、ちょっと変化をつければもっといいでしょ。
（一年前の献立『わたしのおせっかい談義』）

昭和 52.2.21

ぶりてき

ぶり（切り身）　2切
にんにく　1片
塩　適量
オリーブオイル　適量
ソース
玉ねぎ　1/6個
酒　大さじ1
しょうゆ　大さじ1
みりん　大さじ1/2
中濃ソース　小さじ1/2
黒こしょう　適量
つけあわせ
クレソン　適量
レモン　1/3個

ぶりはキッチンペーパーで水分を拭き、塩をふって約10分おき、出てきた水分をあらためて拭きます。

にんにくはスライスして芯をとり、ソースの玉ねぎはみじん切りにします。つけあわせのクレソンは茎の固い部分を切り落とし、レモンはくし切りにします。

フライパンににんにく、オリーブオイルを入れて弱火にかけ、にんにくがきつね色になったらとり出します（トッピングにとっておきます）。ぶりを、盛り付けのときに上になる面から、中火で焼きます。いい焼き目がついたらひっくり返して弱火でさらに3分ほど焼き、火を通します。

皿に盛り付けてアルミホイルをかけて保温しておき、ソースを作ります。フライパンの余分な油をキッチンペーパーでとり、オリーブオイルを足して玉ねぎを中火で炒め、透明になったら、酒、しょうゆ、みりん、中濃ソースを混ぜたものを加えてなじませます。最後に黒こしょうを加えます。

ぶりにソースをかけて、にんにくを飾り、クレソン、レモンを添えます。ぶりのステーキですね。

はじめにぶりにふる塩を、ぶりの重さの1.5％分に増やし、そのままキッチンペーパーで軽く包んで、冷蔵庫で2〜3日寝かせ、干物のようにした「塩ぶり」で調理してもおいしいです。塩ぶりは、そのままグリルで焼いてもおかずになります。

この日の献立日記の約1年前の2月23日に「ぶりてき」がありました。日記、こうやって活用していたんですね。

干し柿のみぞれあえ

干し柿　1～2個
大根　⅓本（250g）
合わせ酢（混ぜておく）
酢　大さじ1
ゆず果汁　大さじ½
塩　少々

大根をおろしてザルにあけ、水気を軽くきります。干し柿はヘタと種をとり食べやすく切ります。

ボウルに大根おろしと合わせ酢を入れて混ぜ、干し柿を加えてさっくりと和えて器に盛ります。ゆずがなければ酢を増やしてください。

干し柿だけで充分甘いですが、砂糖を小さじ½程度加えると、酸味が抑えられてまろやかになります。

春菊のおひたし

春菊　1束（170g）
だし　150㎖
塩　小さじ½

春菊は塩茹でし（塩は分量外）、冷水にとって軽く絞り5㎝くらいに切ります。

だしに塩を溶かし春菊を浸します。味がなじんだら器に盛り付けます。

ちなみに、冬の献立③の「さやのおひたし」（P120）の作り方も同様です。

みそ汁（かす入り）（ひらめのアラのだし、大根、にんじん、おとうふ、みつば）

ひらめのアラ　350g
大根　5㎝（150g）
にんじん　⅓本
三つ葉　適量
木綿豆腐　½丁
昆布　10g
水　1ℓ
塩　適量
酒　大さじ3
酒かす（練り）　80g
みそ　大さじ3

鍋に昆布と水を入れておきます。

ひらめのアラを食べやすく切り、塩をまぶし、10分ほどおきます。水で洗ってから、熱湯でさっと茹で、冷水にとり、血やウロコなどを洗います（霜降り）。

大根とにんじんは短冊切りに、三つ葉は3㎝くらいのざく切りにします。

鍋に、アラ、酒を入れ、中火にかけます。沸く寸前に昆布をとり出しアクをとり弱火にし、大根、にんじんを入れ10分ほど煮ます。木綿豆腐を食べやすく切って加えます。汁を少しとり酒かす、みそを溶かして鍋に加えます。

器に盛り三つ葉を散らします。

冬の献立——③

ねぎま鍋
（まぐろ、ぶり、ねぎ）
酢がき
（ゆず）
さやのおひたし
みそ汁
（大根千六本）

お仕事をやっていると、たまには不愉快なこともありますよ。そういうときは、家に帰ってきて、パッと着替え、口をゆすいで手を洗い、襷《たすき》をかけます。それで、大根を出してきて、切る。そのとき、「なにさ、あの大根女優！」なんて悪口を言いながら切る（笑）。自分の大根ぶりはたなにあげて……気持ちがいいですよ。うちの包丁はよく切れますからね——。（「なにさ、あの大根女優！」『わたしのおせっかい談義』）

昭和 51.1.18

ねぎま鍋

まぐろ　300g
ぶり　2切
長ねぎ　2本
油　適量
つゆ
　だし　800～900ml
　しょうゆ　90ml
　酒　90ml
　みりん　60ml
　塩　小さじ½
薬味
　かぶ　1個
　小ねぎ　2本
　山椒粉　適量

まぐろ、ぶりは一口大に切って器に盛ります。塩ぶり（P116）を使ってもいいです。

長ねぎは5cmに切ります。フライパンに油をひき、表面に焦げ目がつくまで中火で焼き、器に盛ります。

薬味を作ります。かぶは皮つきのまますりおろし、細かく切ってたたいた小ねぎ、山椒粉を加えてさっと和え、薬味皿に盛ります。

食卓へ、つゆを入れた鍋を持って移ります。鍋を火にかけて軽く沸騰させ、焼きねぎ、まぐろ、ぶりを入れます（ぐらぐらさせすぎないように）。生で食べられるまぐろでも、中まで火を通すとおいしいです。薬味も一緒に召し上がれ。ここではメバチマグロの腹側の筋もある部位を使いました。

酢がき

生がき（むき身、生食用）　6～8個
片栗粉　適量
塩　適量
酢じょうゆ（混ぜておく）
　酢　大さじ1
　薄口しょうゆ　大さじ1
ゆず　適量

　生がきはボウルに入れて片栗粉、塩でもみ洗いし水で洗い流します。

　1ℓの湯を沸かし沸騰したら100㎖の水を加えます。約85℃になるので、かきを入れて、弱火で約2分加熱し、氷水にとり、冷えたらキッチンペーパーで水分を拭きます。

　器にかきを盛り、酢じょうゆをかけてゆずを添えます。

みそ汁（大根千六本）

みそ汁に入れる大根を、どれくらいの太さの千切りにするかは、家によってだいぶ違うようです。私の家は太めだったみたいで、アシスタントの頃に驚かれたことがあります。

沢村さんは「千六本」と書いているから、3㎜くらいでしょうか。細いとなんだか上品に感じますね。

冬の献立——④

おとうふの揚げ出し
（大根おろし）
かまぼこ
（わさびづけ）
さつま汁
（さつま芋、にんじん、ごぼう、
ねぎ、牛肉、しょうが）

お豆腐好きのわが家へ、経堂の呉服屋、井筒屋が築地の西川屋の出来たてを届けてくれる。私はすぐ三軒茶屋の友達にも電話——彼女は、ついでに息子の京都土産、すぐきの漬物を持ってきてくれる。生み立て玉子を届けてくれる駒場の友達には油揚げを少々わける。好きなものも多すぎては、年寄りは持てあます。お裾分けはお福分け——互いにあれこれ分け合う楽しさ……心が豊かになる。（献立ひとくちメモ　お裾分け『わたしの献立日記』）

昭和 50.1.18

おとうふの揚げ出し

木綿豆腐　1.5丁
片栗粉　適量
大根おろし　適量
長ねぎ　10cm
油　適量
つゆ
昆布　3g　　薄口しょうゆ　大さじ2
かつおぶし　3g　　みりん　大さじ1
水　200ml　　塩　小さじ¼

木綿豆腐は一口大に切り、キッチンペーパーで包んで軽く水気をきります。

つゆを作ります。あらかじめ昆布を浸しておいた水と、薄口しょうゆ、みりん、塩を小鍋に入れ、中火にかけ、ひと煮立ちしたらかつおぶしを加えて2分ほど弱火にかけて火を止めます。しばらくおき濾します。

豆腐に片栗粉をまぶし、5分以上おきます。揚げる直前にもう一度ふわっと片栗粉をまぶし、165〜170℃の油へ。3分ほどたってパチパチと高い音がしたらとり出します。2度衣をつけるとはがれにくく、食感がカリッとします。

器に豆腐を盛り、温めたつゆをはり、大根おろし、うすく小口切りにして水にさらした長ねぎをのせます。

さつま汁

作りやすい分量
さつまいも　1本（300g）
にんじん（小）　1本（150g）
ごぼう　½本（100g）
長ねぎ　1本
しょうが　10g
牛肉切り落とし　100g
ごま油　大さじ½
煮干しだし　1.2ℓ
みそ　大さじ4
しょうゆ　適宜

さつまいもは皮つきのままいちょう切りにし、水にさらします。にんじんもいちょう切りに、ごぼうはたわしで皮をこそげるように洗いささがきに、長ねぎは小口切りに、しょうがは千切りにします。

ごま油でにんじん、ごぼう、しょうがを中火で炒めます。にんじんの表面に火が通ったら煮干しだしを加え、沸いたらさつまいもを加えて弱火で煮ます。さつまいもが固めに煮えたら中火にし、牛肉切り落としを加えて火が通ったらアクをとり、長ねぎを加え、みそを溶き入れ火を止めます。お好みでしょうゆをひとたらしてください。

冬の献立――⑤

パイシエル
（牛肉、玉ねぎ　ホワイトソース和え）
かきのスープ
（セロリ、人参）
鮭＊

私は人より野次馬《やじうま》根性があると思うんですよ。毎日、ご飯の支度したり、セリフを覚えたり、雑文書いたりしても、別にどうということはないのに、そういうふうに何にでも興味を持つというのは――興味を持つから、こうやって元気よく暮らしていられるのかもしれませんけどね。なんてったって私は、まだ生きているんだから。つまらなそうな顔して生きていてもしようがないでしょ。（何にでも興味を持つこと『わたしのおせっかい談義』）

＊レシピはP142。

昭和 44.1.22

パイシエル（牛肉、玉ねぎ　ホワイトソース和え）

4個分
冷凍パイシート（約20㎝角）　3枚
溶き卵　1個分
黒こしょう　適量
パルメザンチーズ（すりおろす）　適量

ホワイトルウ
（作りやすい分量。半量使う）
牛乳　350〜400㎖
薄力粉　大さじ3
バター　大さじ3
塩　小さじ⅔

牛肉炒め
牛肉切り落とし　150g
玉ねぎ　¼個
オリーブオイル　大さじ½
エリンギ　1〜2本
塩　小さじ½
黒こしょう　適量
タイム（乾燥）　少々
白ワイン　大さじ2

冷凍パイシートを冷凍庫からとり出して、扱いやすい固さになるまで室温で5〜10分解凍してください。

解凍している間にホワイトルウを作ります。薄力粉はふるっておきます。鍋にバターを入れて弱火で溶かし、薄力粉を加え、木ベラでたえず混ぜます。大きかった泡が小さくなったら火を止め、牛乳を半分加えて、木ベラやホイッパーでよく混ぜます。混ざったら、残りの牛乳も加えて混ぜ、中火にかけ、木ベラで混ぜながら加熱します。沸騰してとろみがついてきたら、弱火で4〜5分煮て、塩を加えて火を止めます。

パイシートを成形します。まず、シートを十字に4等分に切ります。3枚で一組です。1枚のふちに溶き卵を塗り、2枚に重ね、真ん中を「口」の字に切り抜きます。厚紙で型紙を作ると作業しやすいです（下写真）。残り1枚が底になります。フォークで全体に穴をあけ、膨らみすぎないようにしてください。底のシートのふちに卵を塗り、口の字に成形したシートを重ね、表面にも卵を塗ります。余った生地は好きな形にして卵を塗り、黒こしょうとパルメザンチーズをまぶし一緒に焼いてしまいます。

パイを焼きます。200℃に温めたオーブンで15〜20分焼きます。途中で天板を回転させ、手前と奥を入れ替えてください。底面が膨らんでくるので、フォークの背などでつぶします。余り生地は先に焼き上がります。

パイを焼いている間に、牛肉炒めを作ります。玉ねぎは厚めに切り、長さを半分に、エリンギは一口大に切ります。フライパンを中火で熱しオリーブオイルをひき、玉ねぎとエリンギを炒め、端に寄せて空けたスペースで、牛肉切り落としも炒め、火が通ったら、塩、黒こしょう、タイム、白ワインを加え炒め合わせます。ホワイトルウ半量と合わせ、焼き上がったパイに詰めます。

200℃のオーブンで5分焼きます。お好みでさらに黒こしょうをふっても。

パイシエルの「シエル」とは貝殻？　具材から判断するに「ホワイトクリームパイ」のようなものを想像して作ってみました。

かきのスープ

生がき（むき身、加熱用）　6〜10個
下処理用
　片栗粉　適量
　塩　適量
にんじん　1/3本
セロリ　1/4本
鶏スープ（P71）　600㎖
ディル　少々
塩　小さじ1
白こしょう　少々

生がきはボウルに入れて片栗粉、塩でもみ洗いし水で洗い流します。にんじんはさいの目に、セロリはすじをとってから、同じように切ります。

鍋に鶏スープ、にんじん、セロリを入れて中火にかけます。野菜に火が通ったら塩で味付けし、かきを加えてひと煮立ちさせます。ディルをちぎって散らし、白こしょうをふります。

鮭

前著で紹介した、焼いた塩鮭と梅干し、白いりごまの和え物に、ゆずの皮も刻んで加えました。

百合根の白煮

昭和58.2.20

百合根　1個（150g）
塩　適量
バター　5g

百合根は一枚ずつはがしてきれいに洗い、大きいものと小さいものに分けます。

小鍋に大きい百合根を入れ、水をひたひたに加え火にかけ、沸騰したら弱火にし、2分ほどしたら小さいものも入れ、さらに2分茹でます。串を刺して火が通っていたら、水分を大さじ1ほど残してすて、ふたたび弱火にかけ、塩、バターをからめて味付けします。

百合根をバターと塩でホイル焼きにするのが好きで、これを煮物に応用できないか、考えてみました。

生しいたけのつけやき

昭和 53.12.2

生しいたけ　8枚
タレ（混ぜておく）
酒　大さじ2
しょうゆ　大さじ2
みりん　大さじ½
油　大さじ½〜1

生しいたけは石づきをとり、半分にそぎ切りにします。軸も使いましょう。

フライパンに油をひき、強めの弱火でしいたけを両面こんがり焼き、タレにつけフライパンに戻し、1分ほど焼いて香ばしい香りがしたらとり出します。グリルで焼いてもいいです。

玉ねぎときゅうりのからしみそあえ

昭和 63.1.26

きゅうり　1本
玉ねぎ　½個
みそ　大さじ1
豆板醤　小さじ1
ごま油　小さじ1
のり　適量

きゅうりはタテ半分に切り、種をとり、斜め薄切りにします。玉ねぎは繊維にそって薄切りにし、水にさらしてからキッチンペーパーで水気を拭きます。ボウルでみそと豆板醤を混ぜ合わせ、きゅうりと玉ねぎを和え、ごま油を加えてさらに和えます。器に盛り、のりをちぎってかけます。

銀芽肉絲《ガンガヨクシー》（せんぎり肉ともやし、玉ねぎ、きぬさや、しいたけ、にんにく）

平成 2.2.16

鶏むね肉　½枚
下味（混ぜておく）
　酒　小さじ1
　塩　ふたつまみ
　こしょう　少々
　片栗粉　小さじ1
もやし　½袋
玉ねぎ　½個
しいたけ　2枚
絹さや　20枚（30g）
にんにく　½片
油　大さじ1
塩　小さじ⅓
ごま油　大さじ½
酒　大さじ½
オイスターソース　大さじ½
カレー粉　小さじ1
砂糖　ひとつまみ

鶏むね肉は細切りにし、下味をつけます。フライパンに油を熱し、もやし、5㎜厚に切った玉ねぎとしいたけ、千切りの絹さやをさっと炒め、塩をふり、とり出します。同じフライパンにごま油とスライスしたにんにくを入れ、鶏肉を中火で炒め、ほぼ火が通ったら野菜を戻し、酒とオイスターソースとカレー粉、砂糖を混ぜて加えます。

ほうれん草のたまごソース

昭和63.2.4

ほうれん草　1束（200g）
にんにく　½片
油　大さじ½
塩　小さじ½
こしょう　少々
たまごソース
　卵　3個
　塩　小さじ⅓
　牛乳　大さじ3
　バター　5g
パルメザンチーズ（すりおろす）　適量
白こしょう　少々

　ほうれん草は3〜4㎝に切ります。にんにくはスライスし、芯をとります。フライパンに油をひき、にんにくを入れ中火にかけ、香りが立ったらほうれん草を炒め、塩、こしょうで味付けし、器に盛ります。

　たまごソースを作ります。ボウルに卵を溶き、塩、牛乳を入れ混ぜます。冷たいフライパンに卵液とバターの半量を入れ、強めの弱火にかけ、たえずゴムベラで混ぜながらとろっとするまで火を通します。仕上げに残りのバターを加えて混ぜ、器に盛ったほうれん草にかけます。パルメザンチーズ、白こしょうをふります。

甘酒（しょうが汁）

昭和63.1.8

作りやすい分量
ご飯（玄米）　250g
乾燥米こうじ　200g
水　500mℓ
梅酢　小さじ½
しょうが汁　適量

炊飯器に玄米、乾燥米こうじ、60℃に温めた水、梅酢を入れ、よく混ぜます。清潔な濡れ布巾でふたをし、炊飯器のふたを開けたまま保温機能を使って60℃を保ち、6〜8時間おきます。2、3時間ごとに全体を混ぜてください。ミキサーにかけ、なめらかにしたら甘酒の完成です。水を加えてお好みの濃さにし、温めてしょうが汁を加えます。おすすめの濃度は、甘酒200mℓに水100mℓ、しょうが汁小さじ1です。

『沢村貞子の献立 料理・飯島奈美』目次

前著に掲載されている料理を紹介します。

春の献立① 昭和41.4.22
牛肉バタ焼
小松菜 蒲鉾煮浸し
そら豆 白ソース和

春の献立② 昭和49.4.30
鯛のおさしみ
せりのごまよごし
ふきと筍とわかめのたき合せ

春の献立③ 昭和49.4.7
いいむし（ひらめ、ぎんなん）
黒豆のふくめ煮
しらすとおろし

春の献立④ 昭和41.5.3
とりの黄金揚
さつま芋の甘煮
貝柱のぬた
はんぺんの味噌汁

春の献立⑤ 昭和49.5.4
おすまし（とろろ、青のり）
新しょうが 甘酢漬け
にぎりずし

春の献立⑥ 昭和49.4.19
グリーンアスパラとトマトのサラダ
コーン・ポタージュ
やきのり
ローストビーフ

春の惣菜
炒り豆腐（おとうふ、にんじん、ごぼう、ねぎ、きくらげ、玉子） 平成元.5.30
いか外国料理
いかとわかめ ねぎ 昭和47.5.22
新じゃがチーズかけ 昭和41.5.22
こうやどうふのオランダ煮とふきの煮つけ 昭和55.5.30
梅若汁（梅ぼし、わかめ） 昭和52.5.21
さやのピーナッツバタあえ 昭和59.5.11

夏の献立① 昭和53.7.18
鮭茶づけ
いんげんのおひたし
えび入りおこげ料理

夏の献立② 昭和52.7.27
枝豆のおろしあえ
いんげんのおひたし
やきなすのそぼろあんかけ
冷やし茶わんむし

夏の献立③ 昭和54.8.15
冷いおすまし
（とりスープ、そうめん、青しそ）
かぼちゃの甘露煮
夏ずし

夏の献立④ 昭和43.8.13
玉ねぎの酢の物
天ぷら

夏の献立⑤ 昭和54.9.19
グリンピースのポタージュ
チーズと大根のクルミのサラダ
あぢのマリネー

夏の献立⑥ 昭和41.8.6
変りお漬物
ウナギ丼
鮭の梅和え

夏の惣菜
牛タンのからし醤油（ゆでたもの）　昭和62・7・12
とり野菜のゴマ煮　昭和41・7・10
なすの油やき　昭和59・7・8
ピーマンのしょう油煮　昭和57・7・4
果物サラダ（桃、バナナ、トマトのマヨネーズあえ）　昭和57・8・4
きゅうりの中国ふうおひたし　昭和54・8・5

秋の献立①　平成元・10・1
トマトと玉ねぎ ピーマンのサラダ
チキンスープ
カレーライス
カレー炒め

秋の献立②　昭和43・9・22
里芋、とりの照煮
茄子のしぎ焼き ゆずみそかけ
栗赤飯

秋の献立③　昭和43・11・10
茄子のはさみあげ
いかのたらこ和へ
里芋コンニャクゆずみそかけ

秋の献立④　昭和44・9・18
さんまの塩焼
かぼちゃとあづきのいと子煮

秋の献立⑤　昭和58・11・15
おとうふのあんかけ
ほうれん草のピーナッツバタあえ
ふきかめ
たきこみごはん

秋の献立⑥　昭和43・10・8
ひらめのパピヨット
ほうれん草のおしたし
かまぼこ

秋の惣菜
かつおの煮つけ（しょうが）　昭和50・11・6
かんぴょうとあつあげのうす味煮　昭和53・9・22
大根のかす汁　昭和41・10・5
牛肉となすの煮こみ　平成2・9・9
すずきののりずあえ（スダチ）　昭和51・10・8

冬の献立①　昭和52・12・25
大正えびのフライ／かますのフライ
タルタルソース

冬の献立②　昭和62・12・17
鯛のあらだき
湯どうふ

冬のおやつ　昭和60・12・8
ドーナッツ

冬の献立③　昭和61・2・19
魚すき
うづら豆の甘煮
たらこのやきもの

冬の献立④　平成元・12・8
まぐろの山かけ
ほうれん草のうす味煮
おかゆ
たくあんとみかんの皮の和えもの

冬の献立⑤　昭和50・12・16
白菜と豚肉のいためもの
チャーハン
魚と豆腐のスープ

冬の惣菜
やき鯛と玉ねぎの酢のもの　平成元・12・13
いかと椎茸のなっとうあえ　昭和48・12・10
山の芋の酢のもの（花かつお）　昭和58・12・19
おみおつけ（天ぷらの残り）　平成元・12・17
にんじんと玉ねぎ
レーズンサラダ　平成2・1・12
野菜ととり皮のスープ
（ぎんなん、とりの皮、ねぎ、にんじん、こまつ菜、もやし）　昭和63・12・25

沢村さんの定番惣菜

献立日記にたびたび出てきて、前著『沢村貞子の献立　料理・飯島奈美』と本書の両方に登場することになった惣菜を、まとめてご紹介します。

きゅうりのおひたし（中国ふう）
（きゅうり、てんかす）——16

きゅうり　2本
天かす　適量
タレ（混ぜておく）
　しょうゆ　大さじ2
　酒　大さじ1
　ごま油　大さじ1
　ラー油　少々

　きゅうりは斜めに薄く切ってから千切りにします。ボウルできゅうりとタレを和え、最後に天かすを加え混ぜます。お好みで酢を加えても。天かすのかわりに、油抜きして焼き、細切りにした油あげもいいですし、ラー油以外に七味も合います。

紅鮭——20　鮭——130

塩鮭（甘塩）　2切
梅干し（大）　1個（14～18g）
白いりごま　小さじ1
ゆずの皮　適宜

　塩鮭を魚焼きグリルでこんがり焼きます。焼きあがったら、皮と骨を除いて粗くほぐします。

　梅干しは種をとって包丁でたたきます。

　ボウルで鮭、梅干し、白いりごま、お好みで刻んだゆずの皮を和えます。

　沢村さんは「鮭」を常備菜的によく食卓に出しています。きっと焼いただけじゃない日もあったはず、と考えて、私の好きな梅干しと和えてみました。殺菌効果もありますから、持ちがよくなります。

黒豆——94

作りやすい分量
黒豆（乾燥）　300g
水　2ℓ
砂糖　200～230g
しょうゆ　大さじ1
重曹　小さじ½
塩　少々

　鍋に分量のうち1.5ℓの水、砂糖、しょうゆ、重曹、塩を入れて中火にかけ、沸いたら火を止め、残りの水、洗った黒豆を入れ5～6時間浸します。鍋を再び中火にかけ沸いたらアクをとり、落としぶたをしてごく弱火で2～3時間、豆がやわらかく（お好みの食感に）なるまで煮ます。火を止めて冷めるまでそのままおきます。

グリンピースのポタージュ——28

グリーンピース（茹でたもの・冷凍）　250g
玉ねぎ　¼個
米　大さじ1
鶏スープ（P71）　400mℓ
バター　10g
牛乳　150mℓ
塩　適量
白こしょう　適量
生クリーム　適量

玉ねぎをみじん切りにします。鍋にバターをひき、玉ねぎ、塩ふたつまみを入れ、しんなりするまで弱火で炒めます。グリーンピース、米、鶏スープを加えて、米がやわらかくなるまで10～15分ふたをして弱火で煮ます。

火を止め、粗熱がとれたらミキサーにかけ、なめらかにし、鍋に戻します。牛乳も加えて、中火にかけ、塩、白こしょうで味をととのえたら、器に盛って生クリームをたらしてできあがり。

沢村さんは旬の春にグリーンピースをたくさん茹でて、冷凍庫に大切にしまっていました。米でとろみを出すテクニックは昭和初期の料理本を参考にしました。

いかとわかめのいためもの（ねぎ）——60

いか（胴）　180g
生わかめ　50g
長ねぎ　10㎝
にんにく　½片
ごま油　大さじ1
酒　大さじ½
塩　小さじ⅓
酢　小さじ1
一味　少々

いかは皮をむいて一口大に切ります（ゲソとワタは使いません。別の炒めものなどに活用してください）。生わかめは食べやすい長さに、長ねぎは5㎜厚の斜め切りに、にんにくはスライスして芯をとります。

フライパンにごま油とにんにくを入れて中火にかけ、いい香りがしてきたら、ねぎ、わかめをさっと炒め、いかも加えて炒めます。いかにほどよく火が通ってきたら、酒、塩、酢で味付けし、器に盛り、一味をかけます。

塩のかわりにナンプラーで味付けしてもおいしいです。

NHK Eテレ「365日の献立日記」

献立　沢村貞子
料理　飯島奈美
声　鈴木保奈美

演出　小関竜平
取材　木暮沙樹
撮影　杉山悟
照明　斉藤直樹
音声　齋藤栞
編集　宮田耕嗣
音響効果　玉井実
制作統括　石井香織、高瀬雅之、根岸弓
制作　NHKエデュケーショナル
制作・著作　NHK　テレコムスタッフ

沢村貞子の献立
料理・飯島奈美 ②

2021年4月26日 初版第1刷発行
2023年10月29日 初版第4刷発行

著者　飯島奈美
写真　齋藤圭吾（p.2除く）
ブックデザイン　有山達也、山本祐衣
編集　加藤基

協力　NHK Eテレ「365日の献立日記」制作班、
山崎洋子、藤原ひろみ

発行者　孫家邦
発行所　株式会社リトルモア
〒151-0051
東京都渋谷区千駄ヶ谷3-56-6
電話　03-3401-1042
ファクス　03-3401-1052
www.littlemore.co.jp

印刷・製本所　株式会社シナノパブリッシングプレス

ISBN978-4-89815-542-4 C0077